K-POP으로 보는
대중문화 트렌드
2016

K-POP으로 보는 대중문화 트렌드 2016

박영웅, 임희윤, 엄동진, 김윤하 지음

마리북스

프롤로그

•• 1990년 개봉한 영화 〈백투더퓨처 2〉에서 주인공 마티 맥플라이는 브라운 박사와 타임머신을 타고 시간여행에 나선다. 영화에서 두 사람은 정확히 2015년 10월 21일 오전 7시 28분에 미래에 도착한다. 그렇다. 우리는 〈백투더퓨처〉가 예상한 26년 후의 현재를 살고 있다. 그렇다면 영화가 예언한 2015년의 실제 싱크로율은 어느 정도일까. 영화 속 2015년은 자동차가 날아다니고, 거리에는 홀로그래피 광고판들이 즐비하며, 초 단위로 날씨를 예측하고, 손바닥만 한 크기의 건조 피자를 보습 장치에 넣으면 2초 만에 따끈한 피자가 되는 세상이다. 하지만 황당한 상상만은 아니다. 영화에 등장한 벽걸이 TV와 화상 대화, 3D영화, 주름성형과 모발이식, 지문인식 등은 현실이 되었고 이제 우리에게 낯설지 않은 기술이다. 우린 단순

히 상상에 머물렀던 그것들이 실제 눈앞에 펼쳐지는 놀라운 경험을 하고 있다.

트렌드를 분석하고 예측하는 것은 반복적이고 서로 복잡하게 얽힌 관계 안에서 하나의 현상을 발견하는 일이다. 대중문화는 개개인의 취향이자 세상을 비춘 거울이다. 삼포 세대의 힘겨운 하루와 흙수저 논란은 자기 위로의 노래를 낳았고, 스마트폰에 얽매인 우리의 일상은 연예인들의 홍보 방식을 바꿨다. 집밥 열풍으로 요리하는 남자가 늘었다. 페이스북과 인스타그램은 입소문이란 막강한 마케팅 툴이 되기도 한다. 개인의 사소한 취향은 존중받는 마니아 문화를 만들었다. 유행어 한 줄은 히트곡이나 예능의 좋은 소재가 된다. 대중문화를 주목해야 하는 이유가 여기에 있다. 엔터테인먼트는 거대 산업이 되었고, 일상에 가장 밀접하면서도 막강한 힘을 행사하는 분야가 됐다. 먹고 자는 일도 비즈니스가 되는 세상이다.

대중문화 중에서도 K-POP은 트렌드에 가장 빨리, 가장 예민하게 반응한다. 이 책에서 다룬 트렌드들은 K-POP과 엔터테인먼트 업계뿐만 아니라 사회 전반에 나타나는 흐름이기도 하다. 하지만 이름에 들어간 'K'에서 보듯 K-POP은 독특한 파급력으로 세계 팝 시장에 한 나라의 인장을 새겼다. 애플뮤직과 아이튠스 스토어는 2015년 12월 장르 분류에 아시아의 음악 장르 중 최초로 'K-POP'을 신설했다. K-POP은 J로 시작하는 재즈와 L로 시작하는 라틴 음악 사이에 들어갔다. 해외 평단 일각이 2015년 가장 중요한 앨범을 냈다고 지목한 캐나다 싱어송라이터 그라임스는 'K-POP에 영향 받았다' '지드래곤을 좋아한다'고 공언했다. K-POP은 가장 변덕스러운 소비층을 상대하는 분야다. 그런 소비층을 만족시키는 콘텐츠를 창작하고 홍보·마케팅해서, 세계적인 브랜드로 키워나가고 있는 만큼 그들의 방식을 더욱 눈여겨볼 수밖에 없다.

저자들은 음악계, 언론계, 방송계에서 10년 이상 쌓은 전문성과 네트워크를 토대로 《K-POP으로 보는 대중문화 트렌드》의 작은 첫걸음을 내디뎠다. 처음은 서투름과도 통하는 말 아닌가. 우리의 의도나 계획대로 되지 않은 부분도 있다. 가장 아쉬운 것은 최근 몇 년 동안의 K-POP 흐름을 한 권에 담으려다 보니 대중문화 전반의 이야기까지 포괄하기가 쉽지 않았다는 것이다.

하지만 단언할 수 있다. 이 책은 K-POP을 가장 가까이서, 가장 깊이, 가장 다각도로 호흡하는 전문인들이 업계의 다양한 이모저모를 깊이 있게 담아낸 분석서이자 전망서라는 것이다. 때로는 저자의 시선으로, 때로는 업계 최고 권위자와 크리에이터들의 눈을 통해 봤다. 양현석 YG엔터테인먼트 대표, 박진영 JYP엔터테인먼트 대표, SM엔터테인먼트 이성수 프로듀싱본부장, 김이나 작사가, 2015년 가장 뜨겁게 떠오른 가수 자이언티, K-POP 안무의 산증인 정진석 안무가……. 한 업계의 다양한 파트에서 활동하는 최고 권위자들을 한 자리에서 만나볼 수 있다는 것만으로도 이 책이 지니는 의미는 크다. K-POP과 우리나라 엔터테인트 업계, 대중문화의 소중한 기록으로도 기억될 것이다. 대중문화가 개인, 사회, 국가의 경쟁력으로 떠오르고 있는 시대에 독자들에게 이 책이 유의미했으면 한다.

히트곡에는 이유 있는 사연이 있고, 입소문을 타기 시작한 천만 영화도 타당한 사회현상이 있다. 그것이 태생부터 대중음악, 대중문화였던 건 아니다. 많은 사람이 열광하면서 콘텐츠 앞에 '대중'이란 수식어가 붙은 것, 그래서 대중의 문화가 된 것이다. 많은 매체가 연예인의 사생활이나 가십성 기사를 통해 말초신경 자극에 골몰하는 요즘, 전문적이고 친절한 정보 전달, 마케팅 인사이트의 제시, 미래 대중문화의 나침반 역할을 하고자 이 책을 기획했다. 대중문화는 라이프스타일, 비즈니스와 개인의 사소한 취향까지 관통하는 핵심적인 이 시대의 키워드이기 때문이다.

2015년 12월
저자 일동

CONTENTS

Part 1
K-POP 핫 트렌드

Part 2
K-POP 크리에이티브 트렌드

Part 3
K-POP 스테디 트렌드

Part 4
K-POP 비즈니스 트렌드

대중문화를 읽으면 세상을 앞서간다

Part 1

K-POP
핫 트렌드

스낵 컬처, 더 빠르게 더 간단하게

하루종일 손에서 스마트폰을 떼지 못하는 사람들이 급증하고 있다. 직장인들은 출퇴근길에 뉴스를 읽고 지난밤에 놓친 드라마 하이라이트를 스마트폰으로 시청한다. 외근이 있을 때는 이동 시 떠오른 아이디어를 즉시 메모하고 점심시간에는 친구들이 보내온 유머 영상을 보며 잠시 휴식을 취하기도 한다. 그들에게 스마트폰은 곧 TV이자 라디오이며, 때로는 작업실이 되는 셈이다. 이처럼 스마트폰은 기존 미디어를 위협하는 도구이자 일상이 된 지 오래다.

손에 잡히는 모바일 TV, 스마트폰은 시간이 없는 현대인에게 최적화된 미디어다. 그야말로 짧은 시간에 간단하게 핵심만을 전달할 수 있는 콘텐츠 전달 도구다. 클릭 한 번이면 모든 정보를 접할 수 있는, 세상을 살면서 그 검색시간마저 주어지지 않은 이들에게 맞춤형 정보는 필수이다. 시간이 없어도 너무 없거나, 시간을 갖고 싶지만 해야 할 일이 많은 사람, 도대체 여유가 없어 자투리 시간을 활용해야 하는 현대인들에게 본방사수는 사치이자 불가능한 일이다.

TV에서 스마트폰으로 미디어 중심이 변하면서 문화 콘텐츠도 그에 맞게 재편되고 있다. '더 빠르게, 더 간단하게'가 골자다. 내용이 길면 아무도 관심을 갖지 않는다. 뉴스는 짧은 동영상과 인포그래픽으로 주요 내용을 요약 전달해야 한다. 대중가요도 단 몇 초 안에 후렴구를 빠르게 전달해야만 히트곡이 되는 것처럼, 모든 콘텐츠가 마치 단 몇 초 만에 승부를 봐야 하는 광고처럼 변하고 있다. 수십 년간 지배해온 기존 미디어의 종말이 성큼 다가왔다.

본격적인 '스낵 컬처 Snack Culture' 시대의 개막이다. 스낵처럼 짧은 시간 내에 간편하게 즐길 수 있는 문화, 사람들은 점점 짧고 강력한 것을 원한다. 스마트폰의 발달로 시간과 장소에 구애받지 않고 짧은 시간 안에 정보와 재미를 얻을 수 있는 다양한 콘텐츠들이 인기를 모으고 있다. 이러한 현상이 스낵 컬처다. 사람들이 스마트폰을 통해 쉽게 접하는 웹드라마, 웹툰, 방송 하이라이트 영상 클립 등이 대표적인 스낵 컬처라고 할 수 있다. 지하철이나 버스 안에서 간편하게 즐길 수 있는 웹툰의 인기는 드라마와 영화로까지 이어질 정도이다. 스마트폰으로 찍은 단편 영화나 60초 영화가 등장한데 이어 짤막한 영상이 드라마를 대체하기도 한다. 올해 모든 분야에 걸쳐 가장 뜨거운 트렌드다.

1인 미디어 채널로 팬들과 적극적인 소통

자기 PR시대. 책에서 지겹도록 본 이 문구는 이제 그야말로 실전이 되었다. 신입사원들만의 얘기가 아니다. 트렌드를 발 빠르게 흡수해야 하는 가요계 상황도 마찬가지다. 스마트폰은 똑똑한 홍보사원 역할을 대신한다. 굳이 언론사를 거쳐 보도자료를 보내지 않아도 SNS나 생중계 한 번이면 많은 팬에게 직접 스케줄을 알릴 수 있는 세상이다.

음원차트 진입을 노리는 수많은 가수가 다양한 채널을 활용해 자신의 노래를 알리는 데 열을 올리고 있다. '티저⇨트랙 리스트⇨뮤직비디오⇨무대 공개'로 이어지는 기존 홍보 패턴도 바뀌었다. 대부분의 가수들이 너도 나도 1인 미디어 채널을 개설하고 팬들과 적극적인 소통에 나선 것은 올해 가장 눈에 띄는 변화라 할 수 있다. 기존 가수들이 미디어 언론을 통해서만 소식을 전달했다면, 이제 옴니채널로 불리는 아프리카TV, 네이버 V앱 등에 출연하며 팬들과 실시간 소통에 나섰다. 마케팅 채널의 무게 중심이 언론에서 모바일로 바뀐 셈이다.

마치 화상통화를 하듯 친밀감을 주고 팬들과 의견을 공유하는 방식이다. 시간과 장소는 물론 방송 소재에 제한을 두지 않기 때문에 가수들은 자유롭고 직접적으로 팬들에게 소식을 전달한다. 새 앨범 소식, 뮤직비디오 현장, 팬들과의 문답, 무대 쇼케이스 등 다양한 주제로 방송 연출이 가능하다. 가수 스스로 PD이자, 기자가 되는 것이다. 기존 대형기획사의 힘에 가려 변변한 무대나 홍보 기회조차 잡기 힘들었던 가수들에게는 둘도 없는 기회가 되기도 한다. 게다가 전 세계로 연결되어 있는 SNS의 특성상, 단 하나의 영상이 입소문을 타면 막강한 홍보 툴을 갖추게 되는 셈이다.

이 과정에서 기획사는 언론과 별도로 팬들과의 근접성을 확보할 수 있다. 대중매체라는 시간과 장소의 한계에 갇히지 않기 때문에 메시지는 팬들이 원하는 최적화된 시간과 장소에 침투할 수 있다는 게 가장 큰 장점이다. 또 콘텐츠는 강력한 메시지를 전할 수 있다. 대중매체가 여러 외부 요소들에 뒤섞여 방송되는 반면, 1인 미디어 채널은 원하는 것만을 있는 그대로 전달할 수 있다. 이제 노래할 무대가 없다는 눈물겨운 무명 가수의 사연은 옛날 얘기인지도 모르겠다. 모바일 플랫폼도 PC 못지않은 시스템 환경을 제공할 수 있게 되면서 쌍방향 실시간 소통이 가능해졌고, PC보다 스마트폰에 익숙한 10~20대층은 자신이 좋아하는 가수와 더욱 친밀한 관계를 유지할 수 있게 되었다.

시청률보다 예상 페이지 뷰를 묻는 풍경

온라인 포맷과 방송 매체가 결합해 만든 MBC 〈마이 리틀 텔레비전〉은 이미 마니아층에서 영향력을 인정받은 아프리카TV의 플랫폼을 반영한 지상파TV의 결과물이다. 다음팟으로 〈마이 리틀 텔레비전〉에 접속하는 네티즌은 10만 명이 훌쩍 넘었고, 심야 방송인데도 시청률 10퍼센트를 오간다. 민낯의 스타들이 모니터 밖의 시청자들을 끌어들이는 등 새로운 시도를 보여주면서 예능 판도 또한 바뀌었다. 온라인 채널과 지상파TV의 전세가 역전된 것이다.

황금시간대 드라마를 위협하며 빠르게 급부상한 웹드라마도 스낵컬처 전성시대를 대표하는 콘텐츠다. SM엔터테인먼트, YG엔터테인먼트, FNC엔터테인먼트, JYP엔터테인먼트(이하 SM, YG, FNC, JYP) 등 대형기획사들이 전부 웹드라마 제작에 뛰어들었다. TV 드라마가 시청률 1퍼센트에 울고 웃으며 시청자 눈치를 살피는 현실에 비해, 웹드라마는 단기간에 전성시대를 맞이했다. 인기그룹 엑소^{EXO}를 내세운 〈우리 옆집에 엑소가 산다〉는 국내는 물론, VOD플랫폼을 통해 아시아 7개국에 방송돼 누적 조회 수 5,000만 뷰를 기록하는 진기록을 세웠고, 그룹 위너^{WINNER}의 남태현이 출연한 MBC에브리원의 〈0시의 그녀〉는 255만 뷰를 기록했다. '웹드라마를 한 번도 안 본 사람'은 있어도 '한 번만 본 사람'은 없다는 얘기도 들린다. 이제 드라마 제작발표회에서 시청률을 묻는 질문 대신 예상 페이지뷰를 묻는 풍경이 잦아질지도 모르겠다. 고작 몇 초짜리 영상에 사람들이 열광하는 이유는 무엇일까.

웹드라마는 원하는 시간대, 보고 싶은 클립을 선택해볼 수 있는 습관이 몸에 밴 10~20대층의 특성을 제대로 파악한 결과다. 밤 늦은 시각에 드라마를 시청하기 부담스러운 학생이나 직장인들이 웹드라마의 주 시청자층이다. 언제 어디서든 웹드라마에 접근할 수 있다는 말이다. 이처럼 제작자는 아이돌의 팬덤을 통해 전략적으로 서로 윈윈^{Win-Win}하는 효과를 보고 있다. 일상의 자투리 시간을 활용해 문화를 소비하는 패턴을 적극 활용한 변화의 흐름이다.

올해 그룹 빅뱅의 신곡 발매 패턴도 스낵 컬처의 한 예다. 한 달 간격으로 공개하는 정규앨범은 종래 가수나 그룹의 앨범과 달리 한 두 곡씩 쪼개 담은 형태다. 음악시장이 급격하게 음원 중심으로 바뀌면서 디지털 싱글 앨범 출시가 늘어나긴 했지만 정규앨범의 틀을 바꾼건 이례적인 경우이다. 소위 말하는 빅뱅의 쪼개기식 앨범은 팬들의 음악 소비행태의 변화와도 관련이 있다. 음원발매 후 팬들의 관심을 받을 수 있는 사이클이 점점 짧아지는 추세이기 때문이다.

스낵 컬처는 가장 실용적인 트렌드

물론 콘텐츠 제작과 소비 패턴의 트렌드가 바뀌는 과정에서 우려의 목소리도 있다. 인터넷 방송 플랫폼 흐름에 편승하려는 시도가 우후죽순 늘어나면서 질적 수준이 낮은 콘텐츠도 양산될 수 있다는 문제의식에서다. 일회성 이슈, 단발적인 수익만을 계산해 무분별하게 플랫폼을 늘려간다면, 정작 콘텐츠 수준이 하향평준화될 수도 있기 때문이다. 일단 알리고 보자는 식으로 자극적인 내용만을 담은 이슈몰이는 결국 더 큰 폐해를 낳을 것이 분명하다. 소비자들은 자칫 모든 것을 단편화하고, 단순히 콘텐츠를 즐길 거리로만 생각하는 습관이 몸에 밸 우려도 있다.

　이는 패스트패션이 등장한 배경과 닮아 있다. 급변하는 트렌드를 지향하는 구매층을 대상으로 한 신상 옷들이 출시되고, 유행을 흡수하는 기간도 빨라지듯 가요계도 올해 유독 짧은 길이의 콘텐츠에 열광했다. 빠르게 유행과 소비가 이뤄지는 패스트패션, 패스트푸드와 같은 추세다. 당장 맛은 좋지만 자극적인 패스트푸드처럼, 빠르게 음원차트가 요동치고 1위곡도 수시로 바뀐다. 정작 진짜 히트곡이라 할 만한 곡은 남지 않는 꼴이다. 가수가 전달하는 진정한 가치는 10곡 이상을 담은 정규앨범에서 찾을 수 있듯이 무엇보다 가장 우선시되어야 하는 건 좋은 콘텐츠다.

　미디어의 지형이 지상파 중심에서 모바일로 그 축이 이동하고 있다는 것은 분명한 사실이다. 거창하게 포장된 트렌드가 둥둥 떠다니지만, 가볍고 빠르게 전달할 수 있는 스낵 컬처야말로 가장 실용적인 트렌드다. 그것은 가요계에서도 유통과정이 크게 생략되고 있음을 의미한다. 범람하는 정보가 혼란을 야기하는 시대, 정보의 생산자가 곧 소비자와 그대로 연결되는 체제로의 변화다. 콘텐츠를 전달하는 툴 자체가 바뀐다는 건 크리에이터의 역할이 증대된다는 의미이기도 하다. 가치 있고 투명하고 진정성이 우러나는 콘텐츠에는 길고 긴 생명력이 부여된다. 변화도 좋지만 가치마저 사라지면 아무 의미가 없다.

02

Pop Culture Trend 2016

걸 크러쉬, 여자는 여자를 좋아해

•⋮ 2015년은 그 어느 해보다 '여성'이 화두인 한해였다. 문화계는 물론 사회 전반을 떠들썩하게 만든 페미니즘과 여성혐오 이슈는 왜 이제야 수면 위로 떠오른 걸까 싶을 정도로 다채로운 풍경들을 그려나갔다. 그 한가운데 '걸 크러쉬Girl Crush'가 있다. 사전적 의미로는 한 여성이 다른 여성에게 느끼는, 일반적으로는 섹슈얼한 감정이 동반되지 않은 강렬한 호감 혹은 감탄이다. 한마디로 여성이 여성을 좋아하는 것이다. 하지만 정의는 어디까지나 정의일 뿐, 현재 대한민국 땅에서 숨 쉬고 있는 걸 크러쉬의 양상은 사전적 의미만으로는 끌어안을 수 없을 정도로 광대하고 또 다양한 외양과 함의를 자랑한다.

좋은 예가 있다. 2014년 '행복하지 마'로 데뷔한 걸그룹 마마무다.

그녀들이 두 번째 미니앨범 〈Pinky Funky〉를 들고 돌아온 6월, 가요계는 다양한 걸그룹의 컴백 소식으로 폭풍전야의 상태였다. 새 멤버 영지가 탄탄하게 자리 잡은 카라에서 8인조로 진용을 갖춘 소녀시대, 전설의 음원 강자 씨스타에서 신흥세력 AOA까지, 컴백할 수 있는 모든 걸그룹이 총망라된 상황이었다. 한 치 앞도 내다볼 수 없는 혼돈의 상황에서 마마무는 놀랍게도 그 어느 걸그룹보다도 돋보이는 활약을 보였다. 타이틀 곡 '음오아예'는 여름 내내 대중의 사랑을 넘치도록 듬뿍 받았고, 가을의 한가운데로 접어든 10월 중순까지도 음원차트 3~40위권을 오르내리며 2015년을 대표하는 스테디셀러로 자리를 굳건히 했다.

의외의 반전매력에 무너지다

이렇듯 끊이지 않은 뜨거운 관심 속에서 무엇보다 큰 사랑을 받은 건 다름아닌 그녀들의 '뮤직비디오'였다. 데뷔 이후 줄곧 '실력파'로서의 매력을 어필해온 마마무가 '음오아예'를 통해 새롭게 시도한 건 다름 아닌 '남장 콘셉트'였다. 박지윤의 '난 남자야(5집 〈Man〉)' 이후, 남장 콘셉트는 여성 아이돌에게는 모보다는 도에 가까운 존재라는 것이 업계 정설이었다. 핑클이나 카라 같은 대형 걸그룹들이 새로운 이미지로의 도전을 위해 시도하는 경우도 왕왕 있어 왔지만, 대부분 색다른 형식의 섹스 어필에 그칠 뿐이었다. 남장을 했다고는 하지만

타이틀 곡 '음오아예'로 사랑받은 걸그룹 마마무 _ 레인보우 브릿지 제공

멤버들의 얼굴은 늘 풀 메이크업 상태였고, 수트 재킷의 허리 부분은 웬만한 코르셋보다 더 꽉 조여진 상태였다.

하지만 마마무의 남장은 이런 전례들과는 달랐다. 멤버들은 특수 분장까지 동원해 남성다운 강인한 턱을 만들고 거뭇거뭇한 수염을 만들어 붙였다. 수트도 헐렁한 핏의 일반적인 남성용이었다. 그리고 바로 이 지점이 대중, 특히 여성들의 마음을 정확히 조준, 저격했다. 좀 더 정확히 표현하자면 정직하도록 '남자 같은' 분장을 한 멤버 문별의 모습에 수많은 이 땅의 여성이 환호했다고 하는 게 맞겠다. 예고 없이 갑작스레 불어닥친 걸 크러쉬였다.

마마무 문별의 남장이 이끌어낸 뜨거운 호응은 한마디로 정의하기 쉽지 않은 걸 크러쉬의 대표격이라 할 수 있다. 문별은 여성 팬들의 전폭적인 지지를 이끌었지만, 단어의 사전적 의미처럼 섹슈얼한 감정이 전혀 동반되지 않았다고 하기엔 그녀의 모습은 너무도 '이성'에 가까운 것이었다. 남장한 문별의 외모가 그룹 비투비^{BTOB}의 민혁이나 엑소의 시우민을 닮았다며 각종 언론과 커뮤니티를 통해 퍼져나간 비교 사진은, 문별과 그룹 마마무를 향한 호기심의 정중앙에 위치한 것이 무엇인지 증명하는 증거였다.

하지만 그렇다고 해서 문별과 마마무를 향한 걸 크러쉬의 양상이 '이성애'만을 기반에 두고 있느냐고 묻는다면 그 역시 쉽게 대답하기 힘들다. 가장 처음 여성들의 이목을 끈 건 물론 미소년에 가까운 문별의 준수한 남장 외모였지만, 이후 마마무가 인기를 높여간 건 보다

남장 콘셉트의 마마무 은별 _ 레인보우 브릿지 제공

복잡한 구조의 이야기이기 때문이다.

마마무는 데뷔 당시부터 일반적인 걸그룹보다는 빅마마나 브라운 아이드 걸스 같은 '실력파' 여성 보컬 그룹들과 자주 비교되어온 존재였고, 이들이 주목받은 것 역시 MBC 〈일밤〉의 '복면가왕', JTBC 〈백인백곡 : 끝까지 간다〉 등 가창력을 필요로 하는 예능 프로그램이었다. 스스로를 '비글돌'이라 칭하며 유튜브 전용 채널에서 세상 모르고 뛰어 노는 네 사람의 모습은 그 자체로 또 다른 매력의 장이었다. 한마디로 마마무는 반전의 반전을 거듭하며 매력을 어필하는 '될' 걸그룹이었던 셈이다.

걸 크러쉬를 이야기함에 있어 이 부분은 무척 중요하다. 최근 대세로 떠오르고 있는 레드벨벳이나 트와이스 등 '예쁘다'는 이유로 사랑받는 걸그룹들도 점차 늘어나고 있는 추세이기는 하지만, 기본적으로 걸 크러쉬가 공유하는 보편 정서는 '의외의 반전 매력'이다. 얼음 공주처럼 차갑고 도도한 그녀가 의외로 허당이라거나, 머리끝부터 발끝까지 레이스를 휘두른 채 사랑스러운 웃음만 짓던 그녀가 극도의 공포 앞에서 눈썹 하나 까딱하지 않을 때, 여성들은 무너진다.

여성들을 사로잡은 여자들

얼굴도, 성품도 다른 2015년을 대표하는 걸 크러쉬 대상들의 공통점이라면 바로 그것, '의외의 매력'이다. 대표적인 인물로 그룹 f(x)

의 엠버를 꼽을 수 있다. 어느 여고에 가나 한 명쯤은 꼭 있을 것 같은, 체육시간을 좋아하고 밸런타인데이가 되면 책상서랍에 초콜릿이 잔뜩 쌓여 있을 것 같은 선배 혹은 후배. 데뷔 당시부터 눈에 띄는 보이시한 외모와 룩으로 사랑받아온 엠버는 2015년 2월 첫 솔로 앨범 〈Beautiful〉을 발표하면서 걸 크러쉬 붐의 선봉에 섰다. 제목에서 느껴지듯 '나는 나이기 때문에 아름답다'는 정의를 전제로 한 엠버의 노랫말과 인터뷰들은, 그동안 남자 같다는 놀림에 눈물 흘린 날들도 많았다는 애처로운 고백과 겹쳐지며 여성 팬들의 숫자를 빛의 속도로 늘려나갔다. 티타임이나 쇼핑보다는 길거리 농구와 보드가 좋은, 미니스커트나 원피스가 아닌 헐렁한 반바지 차림이 그대로의 자기 자신인 소녀. 그녀가 여성 팬들의 전폭적인 지지를 얻을 수 있었던 건 언제 어디서나 타고난 모습 그대로의 엠버였기 때문이다.

이처럼 타고난 반전 매력으로 여성들을 사로잡은 인물 가운데 EXID의 하니를 빼놓을 수 없다. 큰 키와 글래머러스한 몸매, 뇌쇄적인 눈빛으로 무대를 호령하던 '위아래' 직캠 속의 하니의 모습은, 그녀가 가진 수많은 매력 가운데 한 부분일 뿐이었다. KBS 〈런닝맨〉, JTBC 〈학교 가겠습니다〉, MBC 〈아이돌 육상 대회〉 등 다수의 예능 프로그램을 통해 보여준 하니의 모습은 너무나 솔직하고 친숙해 곤란하기까지 했다. 카메라와 상관 없이 얼굴만 한 헤어롤로 앞머리를 말고 코를 골며 숙면을 취하는 걸그룹의 '얼굴마담'. 여기에 네이티브에 가까운 중국어 실력과 900점이 넘는 토익 점수, 어린 시절부터 꿈꿔왔던 심리 전문가가 되기 위해 힘든 연예활동과 함께 사이버대

솔직하고 친숙한 이미지의 EXID 하니 _ 일간스포츠 제공

학에서 심리학 공부를 병행하고 있다는 사실까지 더해지면, 하니를
향한 걸 크러쉬는 단순한 사랑을 넘어선 선망과 응원에까지 닿는다.

여성 팬덤을 잡아야 성공한다

이외에도 걸 크러쉬 사례는 끝없이 이어진다. 현아의 뛰어난 존재
감과 2015년 2월 발표한 싱글 '미쳐'가 내뿜은 강렬함으로 카리스마

걸그룹계의 신흥 강자로 떠오른 포미닛⁴ᵐⁱⁿᵘᵗᵉ이나 한결 힘을 뺀 싱글 'Party'와 'Lion Heart' 활동을 통해 기존의 다가가기 힘든 이미지를 벗고 친숙한 '여자 사람 친구' 이미지 안착에 성공한 소녀시대 역시 올해 부쩍 여성 팬 숫자를 늘린 걸그룹이다.

이쯤 되면 궁금하지 않을 수가 없다. 기존의 이효리나 2NE1 등 당당하고 강한 이미지로 여성 팬의 지지를 얻어온 걸그룹이 전무하지 않았는데도, 왜 이제야 걸 크러쉬인가. 가장 대표적으로 꼽히는 이유는 팬덤 안에서의 여성 팬덤의 크기가 커지고 있기 때문이라는 분석이다. 덕밍아웃(마니아를 뜻하는 오타쿠의 속어인 '덕후'와 '커밍아웃'을 합친 합성어)이나 일코(일반인 코스프레의 줄임말로 아이돌의 팬이 아닌 척을 한다는 은어)는 여전히 존재하고 있지만, 더 이상 아이돌을 좋아하는 것이 사회인으로서 지울 수 없는 낙인처럼 여겨지지 않는 세상이 도래한 것이다. 그렇듯 한층 인자해진 풍조 안에서, 남성 팬들에 비해 충성도, 정착력, 기동력 등 대부분의 능력치가 더 높은 여성 팬들의 존재가치는 자연스럽게 높아질 수밖에 없다.

이런 분위기를 누구보다 발 빠르게 감지한 건 '업계'다. '여성 팬덤을 잡아야 성공한다'는 주장은 이제 딱히 특별할 것도 없다. 지난해 8인조 걸그룹 러블리즈를 데뷔시키며 여성 팬 몰이에 성공한 이중엽 울림엔터테인먼트 대표의 인터뷰는 그래서 더욱 의미심장하다.

"팬덤이 있는 팀을 만들자고 생각했고, 그러기 위해서는 여성 팬을 공략해야 한다고 생각했다. CD도 사는 사람들이 100장을 사는 거고, 공연도 오는 사람들이 몇 번씩 반복해서 온다. 이 사업은 어차피 마니아가 시작이다."

　기록적인 팽창기를 마무리하고 내실을 다지고 있는 아이돌 춘추
전국시대, 걸 크러쉬라는 블루오션을 향한 마라톤은 이제 막 시작되
었다.

03

힙스터, 그들을 움직여라

　•**:** 2015년 가요계는 '혁오의 해'라 해도 과언이 아니다. 도대체 어디에서 떨어진 괴물 신인이냐는 물음표가 정신없이 업계를 뒤덮었고 각종 분석과 예측이 쏟아졌다. 세상 어떤 일도 하루아침에 만들어질 리 없고, 이토록 뚜렷하게 한해를 사로잡은 루키의 경우라면 더더욱 특별한 이유와 명분이 있을 터였다. 보컬과 기타를 담당하고 있는 오혁을 중심으로 베이스 임동건, 기타 임현제, 드럼 이인우, 1993년생 동갑내기 4명이 모인 이 밴드는 그 자체로 2015년의 현상이었고 연구 대상이었다.

　2014년 9월 첫 앨범을 발표한 뒤 첫 쇼케이스, 첫 방송 출연, 첫 페스티벌, 첫 단독 공연이라는 각종 미션을 클리어하며 유례없는 성장세를 보인 이들에게 필요했던 시간은 단 1년이었다. 이들은 2년에 한 번씩 가요계 전체를 들었다 내려놓는 MBC 간판 프로그램 〈무한도전〉의 '영동고속도로 가요제'가 낳은 가장 큰 스타였고, 이들은 단 2주간의 방송 노출만으로 음원 시장의 다크호스로 떠올랐다. '위잉위잉'이나 '와리가리' 같은 곡들은 한 달이 넘도록 음원차트 상위권을 맴돌았고, 이 기세는 결국 가온차트가 발표한 2015년 3분기 100위권 기준 제작사 음원 매출 점유율에서 YG(13.3퍼센트)와 CJ E&M(9.5퍼센트)을 물리치고 MBC(14.7퍼센트)가 1위를 차지하게 만드는 원동력이 되었다. 방송 출연 이전 연을 두었던 '두루두루 AMC'와 '캐쉬미어레코드'의 이름까지 각각 6위와 9위에 올랐으니, '파죽지세'라는 말이 더없이 어울리는 활약이었다.

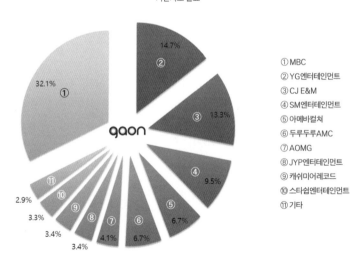

2015년 3분기 100위권 기준 제작사 음원 매출 점유율
가온차트 발표

① MBC
② YG엔터테인먼트
③ CJ E&M
④ SM엔터테인먼트
⑤ 아메바컬쳐
⑥ 두루두루AMC
⑦ AOMG
⑧ JYP엔터테인먼트
⑨ 캐쉬미어레코드
⑩ 스타쉽엔터테인먼트
⑪ 기타

밴드 혁오의 가장 든든한 아군 힙스터

답은 멀리에 있지 않았다. 이들의 갑작스러운 성공 뒤에는 이들을 만든 사람들, 속칭 '힙스터Hipster'들이 있었다. 이 단어는 1940년대 재즈 마니아를 칭하던 용어에서 21세기 독특한 문화 코드와 잘 알려지지 않은 예술에 큰 가치를 두는 눈 밝고 귀 밝은 이들을 칭하는 형태로 진화한 것이다. 이들은 2015년 메이저와 인디 모두를 통틀어 최고의 신인이라 불러도 손색없을 밴드 혁오의 가장 든든한 아군이었다. 이들은 요란스런 프로모션 한 번 없이 앨범 발매, 라이브 공연, 입소문을 통한 인지도 상승 등 자신들이 할 수 있는 일을 차분히 해나간 밴드 혁오를 누구보다도 먼저 알아챘다. 조용하지만 치밀한 이들의 움직임에 인스타그램과 페이스북의 하트와 좋아요 숫자는 하루가 다르게 늘어갔고, 이들이 설 수 있는 공연장의 규모도 그만큼 커져갔다.

가요제에 등장한 혁오의 목소리를 듣자마자 '내가 최근 가장 즐겨 듣는 목소리'라며 눈을 반짝이던 아이유를 닮은 굳건한 팬덤이야말로 2015년의 밴드 혁오를 있게 만든 일등 공신이었다. '요즘 음악계에서 가장 핫한 뮤지션'(이적), '가로수길이나 홍대, 이태원, 성수동 쪽에서 트렌디함을 유지하고 싶다면 이 밴드를 반드시 잡아야 한다'(유희열), '(가요계의) 대안을 제시할 밴드'(윤종신) 등 〈무한도전〉 가요제를 위한 자문단으로 참여한 뮤지션들의 입에서 마치 짜기라도 한 듯 쏟아진 호평은 사실 힙스터들이 발굴해낸 최신의 흐름을 방송을 통해 재확인한 것에 지나지 않았다. 태초에 밴드 혁오를 알아본 힙스터들이 있었고, 그런 그들을 세상이 다시 한 번 주목한 셈이다.

나만 알고 싶은 밴드

밴드 혁오를 설명하는 가장 대표적인 표현은 '나만 알고 싶은 밴드'다. 유명해지고 팬이 많아지는 순간 멀어지는 것 같아 어쩐지 서운한, 언제까지나 나만 알고 나만 듣고 싶은 그런 밴드. 이 표현은 실제로 이들이 〈무한도전〉 가요제를 통해 전국구 밴드로 발돋움한 뒤, 밴드 혁오를 다룬 대부분의 기사 댓글란에서 발견할 수 있는 내용이었다. 실제로 2014년 9월 발표한 데뷔 EP 〈20〉까지만 해도 그다지 큰 주목을 받지 못하던 이들의 음악에 가장 먼저 반응한 건 속칭 힙스터라 불리는 유행에 민감한 젊은층이었다. 덕분에 〈무한도전〉 출연 이전까지 오로지 자신들만의 힘으로 조금씩 팬층을 늘려가다 어느새 '대세'가 되어버린 이들의 성장담은, 밴드 구성원만이 주인공인 이야기라기보다는 이들의 음악을 좋아하는 사람들의 목소리가 모여 완성해낸 커다란 이야기 덩어리라는 느낌이 강하다.

이 현상을 분석한 웹진 〈아이즈ize〉 최지은 기자의 말은 그래서 더욱 의미가 있다.

"희소한 음악을 먼저 알았다는 자부심보다 누군가에게 말로 표현하지 못했던 감정들을 공유한다고 느꼈던 친구에 대한 독점욕에 가

밴드 혁오의 리드보컬 오혁 _ 라이브클럽데이 제공(Photo by Jinny Park)

까울지도 모르겠다.”

　‘집에서 뒹굴뒹굴 할 일 없어 빈둥대는 내 모습 초라해서 정말 죄
송하죠’라며 자학하다가도 갑작스레 ‘뚜욱뚜욱 떨어지는 눈물이 언
젠가는 이 세상을 덮을 거야(‘위잉위잉’ 중에서)’라며 포효하는 이들의
모습은 지금까지 그 누구도 똑바로 바라봐주지 않았던 이 시대 ‘진
짜 청춘’들의 일상을 위무했다. ‘천 번은 흔들려야 한다’거나 ‘청춘은
원래 아픈 것이다’라며 팔짱을 낀 채 한마디를 던지는 것이 아닌, 지
금을 살고 있는 내 모습 그대로를 인정하고 안아주는 공감의 연대이
다. 3분기 디지털 종합 음원 순위 1위를 기록하며 2015년 한해 가장

많은 사람에게 사랑받은 노래가 가진 가장 큰 잠재력이었다.

이렇듯 단계를 바꿔가며 폭발적인 인기를 얻은 밴드 혁오가 올 해 남긴 다채롭고 이색적인 기록들은 단지 음원차트 성적만이 아니다. 밴드 활동이 어느 정도 궤도에 오른 뒤 발표했던 두 번째 EP 〈22〉는 발매 한 달 만에 품절, 절판되며 데뷔 EP 〈20〉과 함께 각종 인터넷 중고 거래 사이트에서 10만 원을 호가하는 가격으로 거래되기 시작했다. 그리고, 음반 마니아들을 위한 축제 '레코드 페어'에서 500장 한정으로 판매했던 〈Panda Bear〉 7인치 싱글 LP는 현장판매 3시간 만에 매진되며 밴드 혁오를 둘러싼 뜨거운 열기를 다시 한 번 확인해주었다.

2014년 11월 에반스 라운지에서 열었던 첫 단독 공연은 라이브 클럽 개장 이래 손꼽히는 숫자의 관객들을 불러 모으며 입장 제재 조치가 일었고, 이듬해 5월 열린 '서울 재즈 페스티벌' 무대 역시 1,200명인 수용인원을 훌쩍 넘긴 1,800여 명의 관객을 동원하며 인산인해를 이뤘다. 단지 〈무한도전〉의 힘만으로 올라왔다고 하기엔 이미 이룬 것이 너무 많은 밴드였던 셈이다.

기존 밴드들과 출발점이 다른 새로운 세대의 음악

그런데도 적지 않은 이들은 고개를 갸웃거렸다. 충분히 매력 있고 좋긴 하지만, 이렇게까지 인기가 있을 음악이냐라는 의문이었다. 기존의 밴드들과 달리 흑인 음악적인 요소를 적극적으로 가미하며 개성을 더하긴 했지만 기타, 베이스, 드럼으로 구성된 평범한 4인조 밴드 구성이었고, 청춘을 노래하는 밴드 역시 일일이 세기 힘들 정도로 흔히 존재하는 게 사실이었다. 그런 이들의 음악을 '스마트폰 세대의 음악'이라 평하는 사람들이 늘어나기 시작했다. 음반과 인터넷의 시대를 지나, 스마트폰을 통해 일상을 소화하는 이들에게 집중적으로 환영받는 음악이라는 것이다.

이에 대한 김밥레코드의 김영혁 대표의 말이다.

"밴드 혁오의 등장은 CD나 다운로드가 아닌 스트리밍, SNS(사회관계망서비스)로 다양한 음악을 듣고 퍼뜨리는 세대가 창작자로, 소비자로 대중음악의 지형도를 바꿔나가는 것을 알려주는 신호탄과 같다."

한마디로 밴드 혁오의 음악은 기존의 밴드들과 출발점이 다른, 새로운 세대의 음악이었다. 실제로 트위터, 인스타그램, 페이스북 등의 SNS는 이들을 본격적인 인기 가도에 올라서게 만든 대표적인 매체들이었다. 더불어 음악만큼이나 그 음악을 효율적으로 묘사한 영상 제작에 공을 들이는 밴드 혁오의 특성은 이런 시대의 흐름에 최적화된 것이었다. '위잉위잉'이나 '와리가리' 'Hooka' 같은 밴드 대표곡들의 뮤직비디오는 그 스타일리시한 자태 그대로 밴드 혁오의 정체성을 설명하기에 더할 나위 없이 좋은 시청각 자료였다.

프로듀서 프라이머리와 함께 작업한 곡 전부를 다양한 예술가들과의 협력을 통해 영상 작품으로 승화해낸 점 역시 젊은 감성을 자극했다. '인디는 창백하고 가난한 음악'이라는 인디 신^{Scene}에 대한 오랜 오해를 정면으로 반박한, 센스와 인맥(보컬 오혁은 홍익대학교 예술학과에 재학중인 학생이기도 하다)으로 완성해낸 새 시대의 흐름이었다. 앞으로 보나 뒤로 보나, 지금까지와는 또 다른 새로운 개념의 스타 밴드의 탄생이었다.

힙스터를 움직이는 사람들

그런 이들의 승승장구에 제동을 건 것은 창작을 하는 이들이라면 누구도 피해가기 힘든 덫, 표절 논란이었다. 〈무한도전〉 가요제 출연을 통해 차트를 승승장구하던 7월 한가운데였다. 노래 'Lonely'와 'Panda Bear'가 해외 인디 록밴드 더 화이티스트 보이즈 얼라이브^{The Whitest Boys Alive}와 비치 파슬스^{Beach Fossils} 등의 노래를 표절했다는 논란이 인터넷 커뮤니티들을 통해 제기되었다. 트위터와 인스타그램을 통해 표절 논란에 휩싸인 밴드 당사자들의 의견이 실시간으로 오가기도 했던 이 사건은 진위 여부를 떠나 공중파 진출 뒤 '지금까지 없던 새롭고 신선한 음악을 하는 밴드'라는 평이 지배적이던 이들의 이미지에 적지 않은 타격을 입혔다. 결국 '표절이 아니다'라는 당사자들의 입장 표명과 함께 해프닝으로 정리되기는 했지만, '세계의 흐름에 발맞추는 세련된 인디 록'으로 은연중에 영향을 주고받기 쉬운 장르적 레퍼런스 측면의 문제점을 세간으로 끌어올린 사건이기도 했다.

　이런저런 화제와 논란에도 변하지 않는 단 하나의 명제는, 2015년이 '혁오의 해'였다는 점이다. 귀 밝고 부지런한 힙스터들의 눈에 띄어 정식으로 활동을 시작한 지 채 1년도 지나지 않아 지금 한국에서 가장 유명한 밴드가 되어버린 1993년생 청년들. "우리는 우리가 잘 될 줄 알았다"거나 '힙스터 밴드'라는 별명을 두고 "우리는 힙스터가 아니다. 힙스터는 유행을 수용할 뿐 만들어내지는 못한다. 우리 음악을 좋아하는 분 중에 힙스터가 많다는 얘기는 들었다. 그런 의미에서 우리는 힙스터를 움직이는 사람들이다"라며 자신 있게 소신을 표명하는 겁 없는 앙팡 테리블(무서운 아이). 이는 어쩌면 대중문화 시장의 새로운 강자가 되려면 힙스터를 움직여야 한다는 새로운 논리의 도출일지도 모른다. 밴드 혁오의 성장을 지켜보는 것이 한층 더 흥미롭고 의미 있게 여겨지는 이유다.

04

길티 플레저,
음악 포르노에 빠지다

∵ 죄의식을 느끼면서도 쾌감을 느낀다. '길티 플레저Guilty pleasure'라는 말의 뜻이다.

2015년 가요계와 방송가의 트렌드 중 하나가 이 길티 플레저다. 자극적이고 원색적인 랩 가사들이 넘쳐나 '음악 포르노'라고까지 치부됐던 Mnet 〈쇼미더머니 4〉 때문이다. 결과적으로 이 프로그램은 성공했다. 평균 2.5퍼센트대에 그친 시청률은 큰 의미가 없었다. 매주 방송 후 포털사이트는 〈쇼미더머니 4〉 관련 기사로 도배됐다. 음원차트도 〈쇼미더머니 4〉 관련 음원이 가장 강세였다. 사실상 서바이벌 프로그램의 최고 재미인 우승자를 가리는 과정은 중요하지 않았다. '어차피 우승은 송민호이든 말든 상관없었다'라는 얘기다. 오히려 사고뭉치 블랙넛의 욕설과 여성비하 가사들에 관심이 더 쏠렸고, 이슈의 초점도 거기에 맞춰져 있었다.

6월 26일 첫 방송 이후 〈쇼미더머니 4〉는 단 한 주도 조용한 적이 없었다. 기관사를 잃은 폭주기관차처럼 질주하며 매주 논란과 이슈를 만들어냈다. 가장 시끄러운 시즌이었다. 블랙넛이라는 희대의 악동 캐릭터를 키워냈고, '번복진트' '랩 찌질이 산이' 같은 이슈도 만들어냈다. '힙합의 대중화'와 '힙합의 저질화'라는 양극으로 치우쳤다는 시선도 있었다. 래퍼가 되고 싶은 지망생들에게는 꿈의 무대인 동시에, 일부 네티즌으로부터는 "폐지하라"는 요구도 받았다.

하지만 묘한 건 〈쇼미더머니 4〉에 돌멩이를 던질지언정, 프로그램은 인기를 끌었다는 것이다. 〈쇼미더머니 4〉의 논란을 의식했는지, 그보다는 순해진 〈언프리티랩스타 2〉가 김빠진 사이다처럼 느껴진 것도 그 때문이었다. 이러한 길티 플레저 현상은 가요계와 방송계만의 문제는 아니다. 로맨스인가 포르노인가? 전 세계를 강타한 '그레이(《그레이의 50가지 그림자》)' 열풍도 같은 맥락이다.

힙합의 대중화인가, 왜곡인가

많은 래퍼와 힙합을 좋아하는 리스너들이 지적하는 부분 중에 하나는 〈쇼미더머니〉가 힙합을 왜곡하고 있다는 점이었다. 사실상 〈쇼미더머니〉가 몰고 온 힙합 광풍을 진정한 의미에서의 힙합 대중화로 보기는 힘들다는 얘기였다.

힙합 서바이벌 프로그램 〈쇼미더머니 4〉 출연진들 _ 일간스포츠 제공

　실제 〈쇼미더머니 4〉 방송 이후 힙합을 좋아하는 팬 층만큼, 힙합을 조롱하고 등한시하는 팬 층도 두터워졌다. 송민호의 임산부 비하 가사나, 블랙넛의 상대방을 존중하지 않는 태도, 과거에 발표한 살인이나 강간에 대한 가사를 다루는 태도 등이 '힙합 혐오'를 불러왔다는 지적도 있다.

　특히 블랙넛을 향한 비난과 조롱이 거셌다. 하지만 블랙넛의 음악을 두고 '힙합이잖아'라는 핑계를 댈 수 있다. 힙합 장르는 표현에 대한 자유의 폭이 넓기 때문이다. 힙합이 곧 삶이라면 욕을 즐기는 거친 래퍼도 있고, 여성 편력이 심한 래퍼라면 가사에서 여성의 미를 찬양할 수도 있다. 힙합의 표현이 거친 건 그런 삶도 있기 때문이고, 그게 자연스럽다는 것이다.

　그래도 청소년이 보는 방송은 좀 달라야 한다. 블랙넛은 〈쇼미더머니 4〉에 출연하기 전부터 트러블메이커였다. '졸업앨범'이란 곡을 보면 가사에서 살인과 강간을 묘사했다. '어젯밤 엄마가 양파를 채 썰던 식칼을 내 허리춤에 꽂고 집을 나서는 발걸음은 아주 가볍고(중략), 배때지에 칼을 여러 번 넣었다 빼 마치 니가 내 동창 ××에 넣었다 뺀 것보다 더 깊숙이 더 깊숙이'라며 살인 장면을 묘사한다. '그녀의 눈을 보면 안 돼. 마음이 약해지면 안 돼. 쌀 때까지 참아 거세게 저항하는 그녀의 몸을 붙잡아. 난 더 쾌감을 느껴. 기왕 이렇게 된 거 난 끝까지 즐겨'라며 성폭행 상황도 묘사한다. 판단은 다를 수 있지만, 이 가사가 청소년에 좋지 않은 영향을 미칠 수 있다는 데 공감하지 않을 사람은 없다. 그렇다면 제작진은 블랙넛의 섭외를 두고 더 신중하게 결정해야 하지 않았을까.

결국 제작진은 이슈를 택했고 블랙넛을 잡았다. 그리고 블랙넛은 기대에 걸맞게 연이어 사고를 쳤다. 〈쇼미더머니 4〉 첫 방송에서 랩을 하는 도중에 바지를 벗었다. 두 번째 방송에서는 심사위원들을 '디스'했고, 세 번째 방송에서는 여성 래퍼에게 '예쁘다'며 돌직구를 날렸다. 그의 말과 행동은 이슈가 됐고 검색어를 점령했다. 제작진은 블랙넛으로 노이즈 마케팅을 하고 싶었는지 그의 출연 분량도 넉넉하게 편집했다. 심지어는 블랙넛의 러브라인까지 그려줬다. 이런 상황들이 이어지자, 래퍼들 사이에서도 〈쇼미더머니 4〉를 우려하는 목소리들이 나오기 시작했다.

할 말은 많은데 입을 닫은 래퍼

〈쇼미더머니〉에서 프로듀서까지 맡았던 MC 메타는 〈쇼미더머니〉의 저격수로 나섰다. 최삼과 부른 '할 말은 많은데 입을 닫은 래퍼'에서 〈쇼미더머니〉를 신랄하게 비판했다.

'할 말 하지 말란 게 힙합 아니지만 니 막말 할 때 잘 봐, 어린 애들이 뭘 배우나? 여자건 남자건 약자를 안기는커녕 약하다고 막 덤비는 거? 그거 힙합 아냐 전혀! 하나같이 가짜. 지 자랑 다 헛소리. 어떤 년을 먹고, 어떤 년을 가졌다는 게 언제부터 래퍼가 가진 힘의 척도.'

이는 〈쇼미더머니〉에 참가해 논란을 만든 래퍼들을 향한 비판이다. 뿐만 아니라 프로그램을 만들어 논란을 야기한 Mnet까지 비판하고 있다.

'음악 프로그램에서 음악이 뒷전, 이용해먹고 아티스트가 뭘 표현해내건 돈 안 된다면 음악은 뒷전, 존중과 이해는 재미와 놀이, 돈만 노린 방송 결국 남은 건 논란, 또 슬쩍 넘어간 부조리.'

〈쇼미더머니〉가 만든 랩의 획일화도 지적되고 있다. 분명 보는 사람들이 〈쇼미더머니〉 속 모습들이 힙합의 전부라고 생각하고 받아들이는 것은 아쉬운 점이다. 포효하듯 랩을 하는 도끼가 가사로 돈 자랑을 하는 모습은 진솔했고, 힙합의 한 표현방식이기는 하다. 하지만 그런 면들만 부각돼 힙합의 전부라고 받아들여서는 안 된다는 것이다.

〈쇼미더머니〉가 힙합을 대중적으로 알린 것은 분명하다. 하지만 지나치게 '방송에 의해서' 힙합이 사랑을 받게 되는 게 아닌가 하는 선입견도 지울 수 없다. 어쨌든 힙합이 일률적이 된다는 것은 생각해봐야 할 문제이다. 요즘 무조건 트랩비트에 랩을 하는 것이 모든 힙합의 대표인 것처럼 인식되곤 하는데 이건 곤란하다. 랩도 각자 자기 스타일이 있다. 그러니 '배틀의 우승자＝랩을 제일 잘하는 사람'이라는 인식과 그 사람이 하는 말이 힙합의 정의가 되어서는 안 될 것이다.

신세대들의 거친 모습이 호기심을 자극

힙합은 아직 대중에게 낯선 장르다. 알려야 산다는 선(先) 목적이 있기에 자극적이고 원색적인 모습도 어느 정도는 용인해야 한다는 목소리도 있다. 1999년 드렁큰 타이거가 '난 널 원해'를 발표하면서 힙합이 유행했다. 그리고 마스터플랜, 무브먼트 등의 크루가 활동하며 명맥을 이어갔지만, 대중음악계의 주류로 올라선 적은 없다.

〈쇼미더머니〉의 시작도 그 지점에 있었다. 이 프로그램을 만든 Mnet 제작 국장의 말이다.

"우리가 이 프로그램을 처음 기획할 때 힙합이 좋고 랩을 들으면 신나는데, 대중들이 이런 부분을 잘 모른다는 게 이상했다. 그래서 힙합을 좀 알려보자고 시작한 게 〈쇼미더머니〉다."

프로그램의 인기에 힘입어 이 말은 현실이 되었다. 산이, 버벌진 트, 박재범, 로꼬 등 〈쇼미더머니〉에 출연했던 래퍼들의 음원은 불티 나게 팔려나갔다. 8월 27일 MBC 〈무한도전〉 가요제의 광풍을 뚫고, 〈쇼미더머니 4〉 송민호의 '겁'이 5위, 인크레더블, 타블로, 지누션이 함께한 '오빠차'가 7위에 올랐다. 힙합은 지금 분명히 가장 핫한 장 르임과 동시에 음원차트에서도 가장 잘 소비되는 장르가 됐다.

그리하여 명실공히 2015년 예능의 강자는 CJ E&M과 JTBC로 넘 어왔다. 공중파 예능이나 드라마의 시청률이 곤두박질치고 있는 이 유는 한마디로 뻔하거나 재미가 없어서다. 고정관념에서 벗어나지 못하는 기성세대들이 만드는 프로그램에 젊은 세대들이 관심을 가 지기 힘들다. 〈쇼미더머니〉와 〈언프리티랩스타〉 성공의 이면에는 공 중파에서는 절대 볼 수 없는 신세대들의 거친 모습이 호기심을 자극 했기에 가능했다.

또한 〈쇼미더머니〉의 길티 플레저는 결과적으로 한국 힙합 신에 대한 관심으로 발전했다. 언더 래퍼들은 아직도 힘들다. 낮에는 식당 에서 일하고 저녁에는 공연하면서 어렵게 자신의 음악을 이어가고 있다. 이런 랩 지망생들에게 〈쇼미더머니〉가 하나의 기회가 됐다는 점은 부정할 수 없는 사실이다.

그렇다고 〈쇼미더머니〉의 다음 시즌이 가능하고, 길티 플레저 트 렌드는 이어질까. 결론부터 말하자면 〈쇼미더머니〉 다음 시즌은 제 작될 것이며, 길티 플레저 코드 또한 이어질 것이다. 〈쇼미더머니〉 를 더 야하고, 더 자극적으로 제작할 것이며, 시청률은 높을 것이며,

광고도 잘 붙을 것이다. 트렌드에 민감한 10~20대가 욕을 하면서도 꼭 챙겨보는 프로그램이기 때문이다. 방송통신심의위원회에서 수차 례 경고하고 벌금을 부과했지만, 푼돈이다. 〈쇼미더머니 4〉를 이용 한 Mnet의 돈벌이는 이미 거대한 산업이다. 서울·부산·미국 등에 서 콘서트를 했고, 이 프로그램으로 신인 래퍼를 발굴하기도 했다. Mnet이 자체적으로 매니지먼트 팀을 꾸려 활동하기 시작했다는 애 기도 들린다.

제작진 역시 문제가 됐던 블랙넛의 인성 문제나 저급한 랩 가사 등을 방송한 것에 대해 반성하는 기색이 없다. 제작진은 끝끝내 블랙 넛을 하차시키지 않았고, 결국 쇼의 주인공으로 끌어올리는 데 성공 했다. 결국 제작진은 다음 시즌에서도 제2의 블랙넛, 제2의 죽부인 퍼포먼스(블랙넛이 펼친 성행위 퍼포먼스)를 기대할 것이다. 방송가의 길티 플레저 코드는 앞으로도 계속될 것이다.

더 자극적이고, 더 폭력적이고, 더 원색적으로

출판계를 휩쓸었던 소설 《그레이의 50가지 그림자》도 그랬다. 과 감하고 디테일한 성행위 묘사로 '몰래 읽는 책'이란 타이틀을 달고 대표적 길티 플레저 소설이 됐다. 전 세계적으로 유례없는 '19금 미 만 구독 불가 판정'까지 받았지만 논란이 일수록 판매량은 비례해 같이 뛰었다. 성적 묘사에 대한 거부감이 오히려 여성의 욕망을 채우

여성 래퍼 서바이벌 프로그램 〈언프리티랩스타 2〉 출연진들 _ 일간스포츠 제공

는 도구가 됐다. 오죽하면 오프라 윈프리도 "길티 플레저를 느꼈지만, 읽는 것을 멈출 수 없었다"고 했을까.

야한 책을 읽고 자극적인 영상을 보는 데 국한된 얘기만은 아니다. 현대인의 소비 습관에도 이 길티 플레저는 적용된다.

현대인이 명품에 탐닉하는 것을 두고 하지현 정신과 전문의는 길티 플레저 현상이라고 지적했다. 검소한 소비 습관을 어릴 때부터 반복적으로 주입교육을 받았지만, 그 습관을 깨고 죄의식을 느끼면서도 명품을 샀을 때의 짜릿함은 가격이 클수록 더 커진다는 것이다. 길티 플레저는 더 자극적인 것에 쉽게 중독되는 대중을 향한 현대의 마케팅 전략 중 하나다.

다시 방송 얘기로 돌아가면, 더 큰 성공(높은 시청률)을 위해 수단과 방법을 가리지 않을 때 더 자극적이고, 더 폭력적이며, 더 원색적인 방향으로 흐를 것이 분명하다.

하지만 모든 일에는 결과가 있고 책임이 따른다. 〈쇼미더머니〉의 원색적인 방송 후 방송통신위원회는 과징금 5,000만 원이라는 중징계를 내렸다. 하지만 5,000만 원은 Mnet의 입장에서 푼돈이었다.

처벌이 솜방망이 수준이었다. 잘못된 표현에 대해 처벌은 하지만, 수위가 낮다보니 방송사에서는 '지르고 보자'는 쪽으로 흐르기 쉽다. 소위 징계에 전혀 '쫄지 않는' 상황이 계속되고 있다. 솜방망이 처분이 이어지고, 시청률만 보고 광고를 주는 광고주들이 있는 한 선정성 있는 작품의 방송은 계속해서 이어질 것이 뻔하다.

방송통신위원회가 현행 규정을 어긴 회사에 대해 눈에 보이는 불이익을 줘야 한다는 목소리가 점점 더 커지는 이유도 여기에 있다.

마이너와 메이저로 양분되어 발전할 가능성

길티 플레저는 마이너와 메이저로 양분돼 발전할 가능성도 높다. 〈쇼미더머니〉에 출연한 블랙넛은 누가 봐도 마이너이고, (본인이 스스로 생각하기에) 사회적 루저에 가깝다. 사실상 잃을 것이 없는 상황에서 자신의 격한 스토리를 전달해줄 메신저로 〈쇼미더머니〉를 만난 것이다. 스스로가 마이너인 블랙넛이 마이너 장르인 힙합으로 마이너 방송사인 Mnet을 통해 끼를 부렸다. 성공하지 않을 이유가 없다.

하지만 메이저 시장에서는 어떨까. 아이유가 그 답이 될 것이다. 데뷔 이후 삼촌 팬들의 묘한 상상력을 자극해온 길티 플레저로 재미를 봤지만 과유불급이었다. 결국 고꾸라졌다. 최신작 '제제'를 두고 소아성애 콘셉트라는 비판이 나오면서부터이다.

아이유는 《나의 라임 오렌지나무》에서 모티브를 얻어 '제제'의 가사를 썼다고 했다.

제제, 어서 나무에 올라와

잎사귀에 입을 맞춰

넌 아주 순진해 그러나 분명 교활하지

어린아이처럼 투명한 듯해도 어딘가는 더러워

이 가사들은 문제가 됐다. 《나의 라임 오렌지나무》를 출간한 출판사는 SNS를 통해 '아이유 님, 제제는 그런 아이가 아닙니다'라는 글을 올렸다.

창작과 해석에 대한 자유는 있지만, 학대로 인한 아픔을 갖고 있는 제제를 성적 대상으로 삼았다는 것이 매우 유감스럽다는 지적이다. 하지만 허지웅 같은 대중문화평론가는 해석의 자유를 들어 아이유를 옹호했다.

여기에 소설가 이외수는 저격을 가했다.

"누군가 오스카 와일드에게 평론가를 어떻게 생각하느냐고 물었을 때, 평론가는 전봇대만 보면 한쪽 다리를 들고 오줌을 누는 개와 흡사하다는 논지의 대답을 했었지요"

아이유는 '제제' 가사에 그치지 않고 신곡 '스물셋' 뮤직비디오에서는 젖병까지 물었다. 대표적인 롤리타 콘셉트라는 게 대중의 판단이다. 그동안 아이유가 삼촌 팬들의 환상을 자극해 인기를 끌어온 것도 이번 기회에 짚고 넘어가자는 분위기로까지 이어졌다. 지금 아이유는 바닥이 드러났다. 소아성애, 롤리타 콘셉트 등이 데뷔 이후 아이유의 마케팅 전략 중 하나였지만, 이 모습들이 대중에 의해 발가벗겨지면서 위기를 맞았다. 아이유 관련 기사의 댓글 중 90퍼센트 이상은 비우호적이다. 벌써부터 광고 계약 파기를 걱정해야 하는 처지가 됐다.

'제제' 논란이 본격적으로 시작된 11월 6일부터 5일 동안 《나의 라임 오렌지나무》 판매량은 6.3배나 증가했다. 이번 사태로 출판사 측은 책이 많이 나가는 재미라도 보았지만, 아이유는 아니었다. 뭐든 과하면 모자람만 못하다. 이 사실을 꼭 기억해야 할 것이다.

05

Pop Culture Trend 2016

힙합, 대중음악이 되다

힙합이 가요계의 주류에 나타난 건 21세기가 되고서이다. 그 이전에는 힙합의 일부분인 랩만이 가요계에 출몰했을 뿐이다. 그러나 랩이 나타날 때마다 신선한 충격을 던졌다. 국내 최초의 랩송으로 불리는 홍서범의 '김삿갓'부터 현진영의 '흐린 기억 속의 그대', 서태지와 아이들의 '난 알아요'까지 랩은 댄스 장르와 결합한 뒤 기폭제 역할을 했다.

2010년대 들어 한국에서 힙합은 음원차트 최상위권에서 뺄 수 없는 장르다. 다이내믹듀오와 리쌍, 도끼와 빈지노가 정상을 휘저은 데이어 아이돌그룹을 주로 키워온 대형기획사들도 제대로 된 힙합을 하겠다고 나섰다. 힙합을 주소재로 한 TV 예능 프로그램의 인기는 이런 경향에 불을 붙였다. 빠른 비트에 맞춰 빠르게 노랫말을 발음하는 것으로는 더 이상 부족하다. 라임이 살아야 하고, 태도와 성공 스토리까지도 어떻게든 만들어내야 한다. 그래야 인정받는다. 대중은 이제 힙합이 뭔지 알고 있다.

힙합에 빠진 대형기획사

2006년, 랩송으로 1990년대 가요계를 휩쓴 서태지와 아이들 출신인 양현석이 수장을 맡아 원타임, 지누션을 성공시킨 YG는 일찍이 승부수를 띄웠다. 댄스보다 힙합과 R&B, 자작곡을 전면에 내세운 5인조 아이돌그룹 빅뱅을 데뷔시킨 것이다. 선구의 길은 힘겨웠다. 2007년 '거짓말'의 히트로 빅뱅은 당분간 클럽 댄스곡으로 진로를 변경할 수밖에 없었다. 이들은 댄스곡으로 모은 돈으로 멤버인 지드래곤, 탑, 태양의 솔로 음반을 제작해 원래 하고자 했던 작업을 진행하는 형태를 반복하고 있다.

'힙합 빅뱅'의 실패에 대해 돌아보면 되레 낯선 사건이다. 지코가 있는 블락비(2011년 데뷔), 랩몬스터가 속한 방탄소년단(2013년)처럼 힙합을 정체성으로 내세운 아이돌그룹들이 2010년대에 들어서면서 성공을 거뒀기 때문이다.

YG는 3월, 에픽하이의 타블로에게 수장을 맡긴 서브 레이블 '하이그라운드'를 론칭했다. 1호 음악가로 밴드 혁오를 영입하긴 했지만 밴드 혁오의 오혁은 이미 밴드 리더로 활약하기 전에 작곡가 신사동

힙합 레이블 일리네어 레코즈 아티스트들 _ 일리네어 레코즈 제공

호랭이 산하의 힙합 레이블에서 활동하며 힙합 프로듀서들과 교류
한 이력을 갖고 있다. 오혁이 프라이머리와 합작 앨범을 낸 것도 우
연이 아니다.

타블로가 이끄는 하이그라운드는 2015년 10월 22일부터 25일까
지 서울 마포구의 스튜디오에서 카니예 웨스트가 이끄는 굿뮤직과
함께 '송 캠프(작사, 작곡, 편곡자들이 모여 단기간에 집중적으로 노래를 합
작하는 프로그램)'도 열었다.

이는 굿뮤직이 아시아에서 연 첫 송 캠프였다. 굿뮤직은 카니예 웨
스트, 커먼, 존레전드, 푸샤티 등 미국 주류 팝을 움직이는 음악인이
대거 속한 곳이다. 더구나 SM이 처음 길을 닦아 소녀시대를 비롯한
여러 그룹에 곡을 준 스웨덴 작곡가 그룹 '디자인뮤직'도 여기 뭉쳤

다. 하이그라운드에서는 에픽하이의 타블로와 투컷, 밴드 혁오의 오혁과 힙합 프로듀서 코드쿤스트, 이하이가 참여했다. 이들은 3일 만에 14곡을 완성시켰다.

힙합의 사용처를 아이돌 댄스곡의 양념, 가창력이 딸리는 아이돌 멤버에게 역할 주기 정도로 한정해온 SM 역시 의외의 움직임을 보이고 있다. SM은 2016년 초 유명 래퍼가 속한 소형 힙합 제작사를 흡수할 계획이다. 앞서 11월 여성그룹 f(x)의 새 앨범 발표 단계부터 SM은 힙합 제작사 '바나'와 함께했다. 두 회사의 비주얼과 아트 담당자들은 10월 말 서울 이태원의 한 갤러리에서 음반 관련 전시회를 열었다. 이 전시회에서 배경음악을 담당했던 바나의 프로듀서 250과 FRNK는 f(x)의 신곡 '4 Walls'를 리믹스해 공개하기도 했다.

사회 관습에서 자유로운 표현이 화제성을 부르다

6~8월에 방영된 래퍼 경쟁 프로그램 Mnet의 〈쇼미더머니 4〉는 시리즈 사상 최고의 평균 시청률(2.1퍼센트)을 기록했다. 여기서 발표된 곡들은 MBC 〈무한도전〉 '영동고속도로 가요제'의 노래들과 함께 온라인 음원차트 최상위권에서 각축을 벌였다. 〈쇼미더머니 4〉의 성·연령별 시청률은 20대 여성에서 가장 높았다.

파장도 지난 시즌들에 비해 커져서 사회적 이슈로까지 떠올랐는데, 그 중 아이돌그룹 위너의 멤버 송민호가 대표적이다. 송민호는 방송에서 'MINO 딸내미 저격 산부인과처럼 다 벌려' 하는 랩을 해서 대한산부인과의사회의 항의 성명을 받았고, 본인이 직접 사과를 하는 과정을 겪었다. 또 다른 참가자 블랙넛은 무대 위에서 죽부인을 들고 성행위를 하는 듯한 장면을 연출했고, 방송통신심의위원회는 프로그램에 과징금을 부과했다.

힙합과 랩이 사회 관습에서 자유로운 표현을 즐겨 사용한다고 하더라도 시청률과 화제성을 노린 제작진의 자극적인 연출과 편집이 의도적으로 논란을 키웠다고도 볼 수 있다.

〈쇼미더머니〉는 원래 마니아들의 프로그램에 가까웠다. 초창기, 즉 시즌 1과 2의 시청률은 0.5퍼센트에 불과했다. 당시 주 시청자층은 랩에 이미 익숙한 가요 팬이나 힙합 마니아로 추정된다. 양상이 바뀐 건 시즌 3부터다. 시청률이 세 배 가까운 1.3퍼센트로 뛰었고, 젊은층을 중심으로 폭넓게 회자됐다.

남성 래퍼 중심으로 돌아가는 〈쇼미더머니〉의 스핀오프이자 더 자극성 강하게 기획된 것은 올해 Mnet에서 새로 론칭한 〈언프리티 랩스타〉다. 불과 6개월 간격으로 두 개의 시즌이 잇따라 제작될 정도로 큰 인기를 끌었다. 신규 프로그램인 데다 래퍼들의 실력이 수준 높지 않았는데도 시즌 1(1~3월)과 시즌 2(9~11월)의 시청률은 〈쇼미더머니 3〉 수준을 단번에 육박했다(1.2~1.3퍼센트). 인터넷과 SNS 공간을 뜨겁게 달구면서 10~20대부터 30~40대까지 폭넓은 시청자의 사랑을 받았다. AOA의 지민, 원더걸스의 유빈 같은 걸그룹 래퍼들이 출연해 의외의 센 모습을 보여줘 화제가 됐고, 제시나 치타 같은 출연자는 여성 래퍼로서 실력을 인정받기도 전에 연예인의 길로 날아갔다.

알림음에 익숙한 젊은이들의 감성을 건드리다

힙합이 가요계의 강력한 주류로 떠오른 이유는 뭘까. 서정민갑 대중음악평론가는 최근 사회의 특성, 그 음향적 환경의 질감과 속도감을 첫째 원인으로 꼽았다. 여기에는 요즘 세대는 소리에 대한 감성 자체가 다르다는 전제가 따른다. 힙합에서 DJ가 만들어내는 전자음향은 컴퓨터 게임 배경음이나 스마트폰 알림음에 익숙한 젊은이들의 감성에 들어맞는다. 이는 록이나 포크는 표현하지 못하는 질감이다. 수많은 정보가 순식간에 오가고 열람되는 기가 인터넷 시대에 걸맞게 랩의 속도감도 역시 중요하다.

힙합 듀오 MC메타는 다음과 같이 말하고 있다.

"힙합의 출발점을 빈곤과 저항으로 도식화하기도 하지만, 사실 미국에서 태동할 때부터 힙합은 젊은이들이 열광할 만한 새롭고 '쿨'한, 멋을 최고로 치는 음악이었다. 1980~1990년대만 해도 국내에서 소비할 거리가 되는 마니아 음악은 록뿐이었다. 지금은 아이돌그룹에 한둘씩 래퍼가 있고 미디어에서도 래퍼를 많이 다룬다. MR(미리 녹음된 반주 음원)과 마이크만 있으면 공연이 가능하다는 편리성도 있다. 요즘 대학 축제 출연진을 보면 록 밴드 자리에 래퍼들이 대거

들어와 있다."

랩은 분노나 욕망을 또래들의 적나라한 언어로 표현한다는 점에서 공감을 산다. 노랫말을 들으며 일종의 대리만족이나 카타르시스를 느끼는 사람도 많다. 이에 대해 서정민갑 대중음악평론가는 다음과 같은 의견을 제시했다.

"일부 지나치게 파괴적인 랩의 인기는 우리 사회가 욕구의 정상적 실현이나 해소가 안 되는 신경증적 상태에 있다는 걸 방증하는 것일 수도 있다."

의류와 캐릭터 산업의 풍향을 바꾸다

힙합의 대중화는 의류와 캐릭터 산업의 풍향도 바꿨다. 특히 한때 소수 힙합 마니아들의 특이하고 우스꽝스러운 외양의 일부로 비춰졌던 챙이 평평한 스냅백은 국내 패션계의 총아로 떠올랐다. 이랜드 그룹은 2015년 5월, 미국의 '수프라'를 인수했다. 수프라는 스케이트보드 운동화와 스냅백으로 유명한 곳이다. 스냅백은 각종 MD와 캐릭터 상품에서도 핵심 분야로 떠올랐다. 디즈니는 패션계와 협업을 통해 2015년 개봉한 블록버스터 〈어벤져스 2〉와 〈스타워즈: 깨어난 포스〉의 상영과 함께 영화의 로고나 이미지가 새겨진 스냅백을 출시했다.

서울대 소비트렌드분석센터는 2014년 말 출간한 《트렌드 코리아》에서 스냅백을 영화 〈명량〉, 탄산수, 해외직구와 함께 2014년 대한민국 10대 트렌드 상품으로 꼽았다. 스냅백과 힙합 패션은 이제 더 이상 '뉴 트렌드'가 아니다. 훗날 청청 패션이 1980년대를 불러내듯, 힙합 패션으로 2010년대의 기억을 소환하게 될 것이다.

음악적으로는 이런 전망을 해볼 수도 있다. 힙합의 운율 구조에 자연스럽게 노출된 10대들이 성장하면, 2020년대에는 절반 이상의 가요 가사가 각운 체계 안에서 작사될지도 모른다는 것이다.

 I n t e r v i e w

"순간의 일상을 담아내라"
내 얘기 같은 노랫말을 만드는 **김이나 작사가**

　•• 노래는 듣는 이로 하여금, 각자에게 다른 추억으로 기억된다. 모두가 봄노래를 부르며 사랑의 설렘을 느낄 때, 누군가는 가슴 아픈 이별을 떠올리며 다른 기억을 찾는 것처럼. 살면서 '내 얘기' 같은 노래를 접하는 것 또한 누구나 경험하는 일이다. 그만큼 노랫말은 그때 그 순간의 일상을 담아낸다. 잊고 지냈던 기억의 한 조각은 추억의 부메랑으로 다가와 그때의 나를 생각하고 떠오르게 한다. 그만큼 진솔하게 쓰인 노랫말은 마치 지난날의 여러 단면을 들여다보는 듯하다.

　음악은 시대상을 반영한다. 때문에 세상과 소통하고 트렌드를 읽어내는 작사가의 역할은 중요하다. 그런 면에서 가사를 정성으로 짓는 작사가는 음악 속 세상을 이해하는 가장 중요한 열쇠로 통한다.

노래 가사가 가수 전체 이미지를 대표하거나, 뮤직비디오 콘셉트 혹은 패션 스타일을 결정짓는 것처럼. 하지만 완성된 노래가 대중에 전달되었을 때 비로소 진정한 가치를 부여받는다. 공감을 주는 가사 한 줄은 위로와 희망이 된다. 노랫말은 동시대를 이해하고 세상을 바라보는 거울이다.

많은 사람이 작사는 작곡보다 훨씬 쉬울 것이라고 오해를 하곤 한다. 작사는 굳이 악기를 다루지 않아도 펜과 종이만 있으면 가능한 일이라 여기기 때문이다. 물론 누구나 작사, 작곡을 할 수 있는 시대를 살고 있다. 하지만 좋은 멜로디와 마찬가지로, 감동을 주는 노랫말은 분명 특별한 가치를 지닌다. 짧은 글 안에서 명쾌하게 핵심을 전달할 수 있어야 하며, 기승전결이 분명한 구성이 노래의 감정에 잘 녹아야 훌륭한 가사로 인정받는다. 명확한 의미 전달은 물론, 리듬과 멜로디에 최적화된 발음을 디자인하는 것 또한 결코 쉬운 일이 아니다. 단순히 노력이나 학습에 의해 생기는 성질의 것도 아니며, 무엇보다 음악에 대한 감각과 한글에 대한 폭넓은 이해가 선행되어야 가능한 일이다.

김이나는 현재 가요계에서 가장 바쁜 스타 작사가다. 10년간 써온 곡만 해도 300여 곡이다. 굳이 가수와 노래 제목을 언급하지 않아도, 누구나 알 만한 히트곡들이 수두룩하다. 국민 여동생 아이유에게 동화 같은 판타지('좋은 날')를, 브라운아이드걸스에게 최고의 전성기('아브라카다브라')를, 이선희, 주현미, 조용필, 임재범 등 대가들의 노래에서 세월의 흔적을 글로 녹여냈다. 이젠 앨범 크레딧에 적힌 김이

나라는 이름을 보고 믿고 듣는 가요 팬들도 상당하다. 리듬과 멜로디에 새 생명을 입히는, 가수보다 더 가수의 입장에서 글을 쓰는 작사가 김이나의 얘기를 들어보자.

■ **가장 주목받는 스타 작사가다. 대중에게 작사가란 포지션이 이렇게 부각된 적도 처음인 것 같은데.**

아무래도 방송 등 매체 노출 빈도수가 높아서가 아닐까(웃음).

■ **가장 보람을 느낄 때는 언제인가.**

물론 연말 시상식에서 상을 받는 것도 기쁘고 감사한 일이지만, 유독 내가 참여한 노래가 벨소리로 들릴 때 기분이 좋다. 벨소리는 당사자가 직접 선택한 거니까, 그걸로 자신을 표현한 거니까 더 기분이 좋다. 누군가의 생활 속에 내가 만든 음악이 일부가 된다는 게 신기하다. 또 다른 경우 야구선수 박용택 씨가 등장할 때 '나타나'를 쓴다고 했다. 그 경기를 직접 봤는데 기분이 너무 좋았다.

■ **최근 몇 년간 다작을 해왔고 지금도 가요 제작자들이 가장 많이 찾는 작사가로 꼽힌다.**

실제로 (작업을) 너무 많이 하면 안 좋다는 사람들도 있다. 몇 곡에만 참여해 집중도를 높이는 게 자존심을 지키는 것이라고 말하는 사람도 있다. 그게 바로 뮤지션 마인드라고. 하지만 그건 쓸데없는 자존심이라고 생각한다. 작사가는 어떻게 보면 3차 의뢰에 해당된다. 참여한 모든 곡이 발표되는 것도 아니고, 최종적으로 참여 여부를 내가 결정하지도 않는다. 그만큼 작사할 수 있는 기회는 소중하다. 평소 존경하는 작사가 박창학 선생님도 이렇게 말씀하셨다. 결국 작업을 많이 하는 게 최고의 창작이라고.

■ 작사 요청이 들어오는 많은 노래 중에 작품을 선택하는 기준이 있다면.

내가 잘할 수 있는 노래를 선택해 작업하는 것은 맞지만 능력껏 하는 게 중요하다. 그래서 거절하는 건 더 조심스럽다. 일단 의뢰를 받고 주어진 시간 내에 약속을 지키는 게 가장 중요하기 때문이다. 작사가 지망생들에게 강의할 때도 그 점을 강조한다. 데드라인(마감 시한)을 꼭 지켜야 남들보다 몇 배의 기회가 올 거라고.

■ 2003년 성시경 '10월에 눈이 내리면'으로 데뷔해 벌써 10년이 되었다. 10년간 작사가로 활동하면서 작업방식도 바뀌었을 것 같은데.

기획사마다 A&R^Artists and Repertoire (아티스트 발굴, 계약, 육성과 그 아티스트에 맞는 악곡의 발굴, 계약, 제작을 담당) 시스템이 본격적으로 강화되고 구체적으로 원하는 콘셉트가 생겼지만 결국 비슷한 것 같다.

"알아서 (가사) 잘 써주세요"라며 의뢰를 부탁하는 사람이 있는가 하면, 구체적인 테마를 전달하기도 한다. 전쟁터 같은 이 가요계에서 아무런 콘셉트도 없이 누군가에게 가사를 맡긴다는 것은 말도 안 되는 일이다.

반대로 걸그룹 포미닛이 데뷔를 준비할 때는 의뢰를 받고 반가웠던 기억이 있다. 걸그룹이면서도 구체적으로 팀의 방향성이나 제시하는 콘셉트가 명확해서 놀랐다. 그만큼 A&R 파트가 중요하다는 것을 느낀다. 개인적으로 어떤 앨범에는 리릭 프로듀서로 참여해 전체 수록곡 가사에 스토리를 부여하고 통일성을 입히는 역할을 하기도 한다.

■ 노랫말의 범위가 점점 넓어지고 있다. 단순히 사랑과 이별을 다루는 게 아닌, 어떤 상황에서 어떤 감정을 표현하는지 구체적으로 표현하는 노래가 늘었는데.

모든 이야기의 주제는 결국 같은 것이라고 보는데, 얼마나 더 세분화되는지에 대한 문제인 것 같다. 요즘 히트곡들은 감정이 매우 디테일하게 쪼개지는 편이다. 사랑과 이별의 감정도 여러 종류로 나눌 수 있다. 예를 들어 예전에는 설렘과 환희가 있었다면, 지금은 그 사이에 설렘 직전, 설렘, 설렘 직후의 감정 등으로 쪼갤 수 있다. '썸'이란 키워드도 설렘 직전의 단계인 셈이다. 앞으로는 생각하지도 못한 방식으로 감정이 세분화될 것 같다.

신조어나 유행어, 요즘 들어 그런 현상이 더 잦아진 것 같다. 물론 그들(제작자)의 입장도 이해가 간다. 좀 더 자극적인 표현을 써야 대중은 주목하기 마련이니까. 노래와 실력만으로 승부를 보기 힘든 신인들의 입장에서는 더욱 그럴 것 같다. 하지만 그런 것들은 작사가의 의도와는 영 다른 식으로 표현될 때도 있어 속상하다. 특히 제목 같은 경우, 작사가가 결정하지 않는 경우도 꽤 있다.

어떤 방식이 과연 옳은 것인지 나도 곰곰이 생각할 때가 많다. 그래서 제작자와 작사가 간에 타협의 과정은 중요하다. 신조어나 유행어를 노랫말에 부각시키는 것이 온전히 상업적인 이유에서라면 반대다. 노이즈만 있을 뿐이다. 물론 멜로디와 곡 구성, 가사에 자연스럽게 어우러졌는가가 가장 중요하다. 게다가 금세 잊혀질 만한 가벼운 신조어를 부각시키는 건 오히려 독이 된다. 하지만 '썸' 같은 경우는 과하지 않고 트렌드를 적절하게 캐치해 성공한 히트곡이라고 생각한다.

한글파괴 현상은 신조어, 유행어와는 또 다른 사안인 것 같다. 노랫말에서 문법은 늘 파괴되어 왔고 비문도 자주 등장했다. 하지만 f(x)의 노래처럼, 어느 정도 적절하게 사용된 경우는 한글의 미학 측면에서 오히려 살리는 게 더 멋스럽다고 생각한다. 빅뱅 'Bae Bae' 같은 노래를 보자. '했어, 내게' 같은 발음들은 한글인데도 마치 팝에서 쓰이는 추임새처럼 들리고, '찹쌀떡'이란 어색할 수 있는 단어도 '우리우리 궁합이'란 표현으로 자연스럽게 이어진다. 어떤 느낌으로 발음을 뱉을지는 그것을 계산한 사람만이 가장 잘 알 것이다. 박진영의 '어머님이 누구니' 역시 한글을 정말 소리로 잘 다룬 노래라고 생각한다. 그들에게는 마치 리듬 하나하나를 다 계산해서 발음해주는 프로그램이 내재되어 있는 것 같다. 그것은 춤추는 사람들의 공통적인 특징이기도 하다. 리듬이 몸에 밴 사람들이다.

■ **요즘 히트곡 가사의 트렌드는 뭐라 생각하나. 가장 잘 팔리는 노랫말이라고 하면.**

예전 가요는 크게 발라드와 댄스곡으로 구분지었다면, 지금은 확실히 그루브 있는 곡들이 두드러지고 있다. 감정을 느끼는 진지함은 변함이 없는데 말투나 태도는 어찌 보면 직설적이고 쿨하다. 진중한 주제를 다루면서도 스낵처럼 툭 포장해서 내놓는 느낌 말이다. 예전에는 17첩 반상을 차리는 마음으로 노랫말을 붙였다면, 지금은 깊이 있는 소재를 가볍고 자연스럽게 다루는 태도가 중요한 것 같다. 좋은 재료를 갖고 가볍게 툭 던지는 느낌으로. 그게 곧 멋이라고 생각하는데 노력으로 얻어지는 부분은 아닌 것 같아 사실 걱정이다(웃음).

댄스곡은 발라드에 비해 상대적으로 곡의 멜로디나 느낌이 더 중요한 것 같다. 그래서 곡의 정체성이 가사 한 줄로 결정될 만큼 중요하다. 댄스곡은 워낙 스트리밍 등 소비되는 주기가 짧은 만큼 해당곡의 정서를 대표하는 한 줄이 강렬해야 한다. 예를 들어 엑소의 '으르렁'은 표현 하나만으로도 그룹의 이미지와 곡의 정체성이 잘 드러난 곡이다.

■ 본인의 작업방식을 소개하자면.

데모를 접하면 일단 이 노래 화자의 감정부터 생각한다. 물론 노래를 부를 가수가 누구인지를 고려해서 노래 속 화자가 '소심한지' '성격이 센 편인지' 등 성격을 먼저 파악하는 편이다. 도입부 간주부터 느낌을 포착하려고 노력한다. 사람이 느끼는 감정은 결국 어떻게 풀어나가는가가 가장 중요한 것 같다. 주로 컴퓨터로 작업하는 편인데, 메모장을 띄워놓고 자유롭게 느낌을 정리한다. 빨간 줄이 생기면 감정의 걸림돌처럼 느껴져 자유롭지 못하다.

■ 노래 속 화자의 느낌을 중시한다고 했는데, 그 이미지와 가사가 가장 잘 들어맞았던 노래는?

이선희의 '그중에 그대를 만나'란 곡을 작업하면서 역시 '대가들이 감정을 다루는 방법은 다르다'는 것을 느꼈다. 이선희는 현명하고 많은 걸 수용하는 어른의 이미지와 동시에, 해탈한 성인의 느낌보다는 순수하고 소녀적인 이미지도 있다. 그 느낌을 토대로 만든 가사였다. 개인적으로 인상 깊은 부분은 가사의 '그대라는 인연을 알지 못하는' 파트에서 '그대'를 부르고 난 뒤 '라는'이라고 불렀을 때 그 찰나의 순간에서 감정이 표현되었는데, 그때의 그 섬세한 호흡과 감정 조절을 아직도 잊지 못하겠다. 내가 상상했던 감정을 그대로 표현해주셔서 상당히 놀랐다. 대단한 분이다.

■ 작사가 입장에서 향후 히트곡의 트렌드를 예상해본다면.

유행이 돌고 도는 것처럼 특정 가사의 스타일도 시대에 따라 점유율이 커졌다 줄어들 뿐이라고 생각한다. 사실 모든 건 그대로인 것 같다. 짧지만 강렬하게 콘셉트를 전달해야 하는 시대인 건 맞지만 결국 여러 장르의 곡에 대한 시장은 공존한다. 댄스곡이 인기를 얻다가도, 서사와 울림이 중요한 발라드곡이 히트하기도 한다. 그걸 캐치하는 순발력이야말로 제작자의 몫이라고 본다. 하지만 지금은 스낵처럼 가볍게 먹었는데 영양가도 있는, 포장지는 라이트한데 맛은 깊이 있는 노랫말이 사랑받는 건 분명한 것 같다. 그래서 자기 음악을 하는 싱어송라이터들의 활동이 보다 활발해질 것 같다. 억지로 계산하지 않아도 자연스럽게 느낌이 담긴 노래들 말이다.

"확고한 아이덴티티를 가지면 경쟁자가 없다"

특별한 2015년을 보낸 자이언티

∵ 어느 분야에서든 확고한 아이덴티티를 갖는 건 경쟁자가 없다는 걸 의미한다. 유난히 개성이 뚜렷한 브랜드는 식지 않는 그들만의 마니아층을 형성하고, 그것이 대중의 영역이 되었을 땐 거부할 수 없는 폭발력을 갖는다. 그런 의미에서 자이언티는 현 대중음악 신에서 가장 개성이 뚜렷한 브랜드다. 가요계에서 자이언티의 존재감은 특별하다. 멜로디와 가사를 쓰는 것을 넘어, 그것을 표현하는 과정은 자이언티에게 이미 독보적인 영역이다. 처음에는 그의 독특한 음색에 놀라고, 다음엔 소소한 감성을 색다르게 풀어내는 화법에 느낌표를 찍는다. 전 세대의 공감을 이끌어낸 히트곡 '양화대교'는 주제 선정과 소재의 활용, 스토리 전개부터 창법의 해석까지 비로소 자이언티만의 스타일이 완성되었음을 알린 곡이다.

아버지를 주제로 한 가요계의 수많은 곡 사이에서 이 곡이 더욱 특별한 이유는 한국적인 신파 감성을 비켜나가면서도 담담하게 여운을 선사했기 때문이다. 감정을 뒤흔드는 짜릿한 반전이나 강력한 후렴구를 굳이 배치하지 않아도, 탁월한 멜로디와 공감어린 노랫말은 듣는 이로 하여금 진심을 제대로 전달받았다. 그것도 가장 순결한 힘으로. 아버지가 지나온 길을 '양화대교'에 빗대어 표현한 가족에 대한 진심, 자이언티의 개인적인 얘기를 담았지만 결국 모든 이의 노래가 되었다. 타고난 DNA를 지닌 보컬리스트의 등장이다.

무대에서 그는 움직임이 거의 없다. 겉모습만 보아서는 그의 감정을 알아채기 쉽지 않다. 기쁨도 슬픔도 아닌 듯 묘한 경계에서 풀어내는 노래, 그리고 대화하듯 툭툭 내뱉는 생활 밀착형 가사는 우리의 일상 자체를 대변했다. 범상치 않은 노래들이 이제 음원차트 꼭대기를 걷는다. 가요계의 히트공식을 거부한, 그의 특별했던 2015년에 대한 이야기를 들어보자.

■ 어딜 가나 자이언티의 노래가 울려퍼졌다. 2015년은 대중과 더 가까워진 해가 되었는데.

일단 이전에 비해 신경 쓰이는 게 점점 많아졌다. 예전에는 정말 하고 싶은 것만 해왔다면 이제는 대중이 좋아할 만한 것들, 대중의 기호에 대해서도 진지하게 생각을 하게 되었다는 것이 가장 크게 달라진 점이다. 좋아하는 표현은 아니지만 스스로 어느 정도 '타협'을 하고 있는지도 모르겠다. 신기한 일이면서도 감사한 일이다.

■ 음원을 냈다 하면 1등이라 음원깡패라고 불린다. 자이언티의 노래는 기존 대중가요의 히트공식에서 벗어난 음악이라 의미가 다를 것 같다.

올해 사랑받은 노래들은 내 기준에서 지극히 상업적인 음악에 속한다. 사실 가수에게 가장 중요한 커리어는 정규앨범이다. 앨범을 발표했을 때, 보다 많은 사람이 내 음악에 집중해서 들어줬으면 하는 바람에서 발표한 노래들이다. 정규앨범을 발표하기 전에 그런 분위기를 만들고 싶었다. 어쩌면 그런 생각에서 올해는 대중에게 좀 더 가까운 음악을 발표했던 것 같다. 훌륭한 이음새가 될지는 지켜봐야 알겠지만, 내가 진짜로 표현하는 음악을 대중이 제대로 들어줄 수 있는 시기를 고려했다. '꺼내 먹어요' '그냥' '노 메이크업' 등 올해 발표한 노래들은 그런 의미에서 작업한 곡들이다.

■ 점점 대중에 노출될수록 본래 자이언티의 음악색이 변할 수도 있다는 우려도 있다. 올해 발표한 곡들은 사실 전작들에 비해 좀 더 대중적인 음악이기도 하고. 대중성과 본인의 색깔, 그 중심을 잘 잡아가는 게 중요할 것 같다.

내 이름이 알려지고 사람들한테 관심을 받게 된 이유는 자전적이면서 진솔한 노랫말이 큰 비중을 차지했다고 생각한다. '노 메이크업'의 경우, 내가 참여한 부분이 많지는 않다. 사실 내게 맞지 않는 곡이라는 생각이 들어서 발표를 주저하기도 했다. 그런데 올해는 나의 진짜 색깔을 드러내기보다는 대중이 좋아하는 자이언티의 음악을 이어가는 게 맞다는 생각이 들었다. MBC 〈무한도전〉에 출연하면서 대중적인 이미지가 생겼다. 그런 이미지, 친숙한 느낌의 자이언티의 모습으로 한해를 마무리하고 싶었고, 진짜 원하는 음악은 내년에 정규앨범을 통해 들려주고 싶었다. 나만의 기존 색을 유지하면서도 발전된 형태의 음악을 이제는 들려줄 수 있을 것 같다.

■ 발표하는 곡마다 1위를 차지한다. 이제 히트곡에 대해 감이 오는지, 대중성에 대한 생각이 궁금하다.

어찌 보면 대중에 잘 알려진 아티스트의 노래가 히트곡이 된다는 생각이 든다. 대중이 원하는 게 뭔지 알고 작업을 시작한 경우는 오히려 별로 없다. 내가 사람들에게 알려지지 않은 상태에서 처음으로 관심을 받았을 때는 그저 신기했다. 그때는 내 목소리가 대중에게 익숙하지 않은 상황이었으니까. 사람들이 내 음악을 좋아한다는 사실 자체가 신기할 뿐이었다. 예나 지금이나 내 느낌대로 음악을 만든다. 대중의 흐름 같은 게 잘 맞았던 것 같다.

■ 맞다. '양화대교'나 '꺼내 먹어요'는 청춘을 위로하거나 힘든 사회적 상황과 시기적으로 잘 맞아떨어진 노래였다. 자이언티 음악의 인기 요인을 스스로

분석하자면.

우선 노래 자체가 가진 힘이 통했다고 생각한다. 하지만 노래 이전에 내가 해온 많은 작업물이 영향을 줬던 것은 분명하다. 기존에 발표했던 결과물에 대한 기반이 있었기에 그 곡들에 대한 설명이 충분히 되었던 것 같다. 어느 정도 나에 대한 이해가 선행된 상황에서 발표된 음악이었기 때문에 지금의 음악과 자연스럽게 연결된 것이라고 생각한다.

앞으로의 음악이 훨씬 더 중요하다. 이전엔 어떤 음악을 해야겠다는 생각으로 음악을 했다기보다는 나만의 영역을 만들고 그것을 증명하려는 의지가 컸던 것 같다. 지금부터는 나의 세계관을 확실히 알리고 좀 더 디테일하게 표현하고 싶은 마음이 있다. 내 아이덴티티를 본격적으로 드러내고 싶다는 생각으로 작업 중이다.

■ 전작에서는 감각적이고 시각적인 음악을 들려줬는데, 올해는 유독 감정을 건드리는 노래를 주로 발표했다.

원래 사람은 변하지 않나. 안 보이던 것들이 보이고 느끼지 못하던 것들이 피부로 느껴지고. 단순하게 얘기해서 나이를 한 살 한 살 먹으면서 느끼는 게 많아졌다고 할 수도 있다. 예를 들면 음식을 만들 때 재료 자체가 달라지는 것과 같다. 만들고 싶은 건 같은데 재료가 달라지는 셈이다. 영감을 얻는 소스가 달라지는 것이다. 내 감정이 흡수하는 게 다르니까 아웃풋이 다른 것 같다.

■ 영감을 얻었던 특별한 경험 같은 게 있었나. 예를 들면 여행을 자주 떠난다거나.

'양화대교'를 만들 당시에는 슬럼프에 빠져 있었던 시기였다. 아무 작업도 못한 채 9개월가량을 보낼 정도였다. 그러다 혼자서 미국으로 무작정 떠났는데, 그곳에서 영감을 받아서 쓴 곡이다. 난방도 안 되는 허름한 게스트하우스에서 2주간 머물었고, 이후에는 근처에 있는 친구 집에서 나머지 시간을 보냈다. 그때 친구와 길을 걷다 "난 어떤 음악을 해야 좋을지 모르겠다"고 물었고, 친구는 툭 하고 "그냥 니가 살아가는 이야기를 해보는 게 어때?"라고 답했다.

그 말을 듣고 휴대전화 메모장을 열어 생각을 정리했고 한국으로 돌아오는 미국 공항에 앉아 가사를 술술 써내려갔다. 그게 '양화대교'의 노랫말이다. '나는 이제 무엇을 해야 하나' '어떤 음악을 해야 하나' 등의 고민을 한 끝에 결국엔 당시 그때의 심정, 즉 내가 살아가는 이야기를 해야겠단 생각이 들었다. 후렴 파트만 비워놓고 고민하다가 가족과 사랑하는 주위 사람들을 떠올리며 무슨 말을 해야 할까 생각했다. 그래, '우리 행복하자. 아프지 말고'라고. 그렇게 '양화대교'는 완성됐다. 미국에서 한국으로 돌아올 때, 결국 내가 돌아갈 곳은 집이었고 사랑하는 가족이 있는 곳이었다. 결국 '양화대교'는 내가 가족에게 진심으로 하고 싶은 말을 담은 노래다.

■ '양화대교'가 미국이란 먼 나라에서 시작된 노래라고 생각하니 흥미롭다. 그때도 한창 주가를 올리고 있었던 상황이었을 텐데 슬럼프를 겪게 된 계기가 있었나.

〈미러볼〉이란 앨범을 발표한 직후부터였다. 그때는 내 음악을 들어줄 대중은 전혀 신경 쓰지 않고 그냥 내가 하고 싶은 걸 할 뿐이었다. 그 앨범의 제작기간은 한 달이 채 되지 않는다. 중절모를 쓰고 거울을 봤는데 그 모습이 꼭 양복을 입어도 한복을 입은 듯한, 중절모를 써도 갓을 쓴 듯한 그런 이미지를 느꼈다. 그래서 시작된 앨범이었고, 처음에는 한국의 옛 음악을 현대판으로 재해석하고 싶다는 생각에서 계획한 음반이었다.

실제로 패티김 선생님을 직접 찾아가기도 하고, 진심을 담은 편지를 써서 작업을 요청드리기도 했다. 하지만 스케줄상 이뤄지지 않았고, 결국 콘셉트 앨범이 되었다. 계획이 무산된 것도 아쉬웠고 일부 부정적인 팬들의 의견도 귀에 들리기 시작했다.

사실 당시 어느 정도 내 음악이 인기를 얻고 있는 상황이어서 러브송이나 겨울 콘셉트 앨범을 냈다면 훨씬 성공했을지도 모르겠다. 그래도 지금 와서 생각해보면 그때 내 나름대로 하고 싶은 음악을 했던 건 잘한 일 같다. 물론 슬럼프는 겪었지만 후회하지 않는다. 그때 다른 스타일의 음악을 발표했다면, 지금 나는 전혀 다른 길을 갔을지도 모르겠다.

■ 자이언티의 노래는 멜로디와 노랫말이 마치 말하듯이 자연스럽게 붙는다. 그 느낌이 신선하다. 작사와 작곡, 어떤 작업을 먼저 하는지 과정이 궁금하다.

매번 다르지만 보통 가사를 먼저 떠올리는 편이다. 혼자 스케치 작업을 할 때는 노래를 부르면서 가사를 쓰기도 한다. 얘기를 하면서 내가 하고 싶은 메시지를 담는다. 그러면서 감정 선이 맞는 멜로디를 찾아간다. '양화대교' 같은 경우는 멜로디와 가사가 동시에 나왔다. 경우에 따라 다르지만 그때그때의 느낌이 중요한 것 같다.

■ '꺼내 먹어요'는 마치 편지를 귀로 듣는 듯 자연스러웠다.

주위 사람들이 매일 바쁘고 피곤한데, 쉴 시간도 없고 밥도 잘 못 챙겨 먹는다고 하면 위로를 해주고 싶지 않나. 그럴 때 들어보라는 느낌으로 작업한 노래다. 사실 발표할 생각이 전혀 없었는데 지인들의 반응이 좋아서 생각을 바꿨다. 처음엔 편지 쓰듯이 만든 노래였다. 너무 바쁘고 하루하루가 쉽지 않은데 주변에서 바라는 것도 많고, 너무 힘든데 밥도 잘 못 챙겨먹는 사람을 위해 편지를 쓰듯 노래한 거다. 잠시나마 위로가 되었으면 하는 생각에서. 브라더수와 함께 작업한 노래인데, 감정에 꽂혀 하루도 안 돼 금세 만들고 녹음했다. 늦은 밤에 일정이 끝나서 너무 힘든 상태였지만, 왠지 그날 노래를 완성해야겠단 생각이 들었다. 주위 소중한 사람들을 위한 선물 같은 노래다.

▨ 노랫말을 다루는 주제가 신선하다. '피곤할 때 노래를 아침사과처럼 꺼내 먹어요'라는 표현도 좋았다.

음악을 억지로 만들지 않아서 그런 것 같다. 가사를 쓸 때는 어떤 대상에게 편지를 쓰듯 말이다. 누군가에게 들려주고 싶거나 정말 하고 싶은 이야기가 생겼을 때, 그 마음과 생각을 전하기 위해서. 대중에게 사랑받은 노래를 보면, 그 진심이 잘 전달된 게 아닐까 생각한다. 그리고 평소에 좋은 사람을 만나고, 좋은 음식을 먹고, 좋은 곳에 가려고 한다. 일상에서 느껴지는 어떤 감정을 포착하면 그때 집중하는 편이다. 단어와 문장을 쌓아놓고 맞춰가는 형식보다는 그때그때 감성에 꽂히면 집중하고 풀어나가려고 한다. 노하우 같은 건 막상 얘기할 게 없지만 노래를 만드는 프로듀서에게 작사가의 역할은 반드시 필요한 것 같다.

▨ 캐릭터가 독특하다. 이야기를 풀어가는 방식은 힙합이면서, 보컬에서는 알앤비와 레게톤도 느껴진다. 래퍼이면서도 보컬리스트이기도 하고.

시작부터 그랬던 것 같다. 처음에 작업할 때 우연히 오토튠을 걸고 랩을 했는데 마치 노래처럼 들렸다. 그때부터 노래하듯 랩을 해왔다. 어디 가서 보컬이라는 말도 못했는데 지금은 보컬리스트라고 불리는 걸 보면 참 낯설고 부끄럽다. 수년간 보컬만 해온 분들이 많으니까. 그냥 싱어송라이터란 표현이 맞는 것 같다. 처음에는 티페인[T-Pain]이나 에이콘[Akon] 같은 팝스타들의 스타일이 좋아서 듣고 또 들었다.

마일스 데이비스^{Miles Dewey Davis} 같은 재즈 뮤지션의 음악도 즐겨 듣지만, 어렸을 때부터 변함없이 좋아하는 뮤지션은 마이클 잭슨뿐이다. 모두가 변하는데 그는 아닌 것 같다.

■ 음악을 하는 데 있어 고집 같은 게 있나.

일단 내가 확실히 다루고 싶은 주제인지, 지금 하고 싶은 이야기인지가 가장 중요하다. 하고 싶은 이야기를 해야만 한다. 음악적으로는 제한이 없다. 내가 다루고 싶은 주제인지에 대한 감정이 잡히면 나머지 음악적인 부분을 생각한다. 재즈는 나중에 시간이 지나 커리어가 쌓이면 꼭 하고 싶은 장르다.

■ 현재 가요계의 트렌드는 뭐라 생각하나.

분명 달라진 건 대중이 음악의 다양성을 이해하고 받아들이기 시작했다는 점이다. 다양한 장르의 음악을 개성 있게 이해하기 시작하면서 히트곡의 티핑 포인트^{Tipping Point}(임계점) 자체가 의미 없어진 것 같다. 또 유명한 가수들의 노래가 항상 히트를 하는 그런 현상은 더 뚜렷해지고 있다. 그들이 하는 음악이 곧 트렌드가 되는지도 모르겠다. 세상에 수많은 노래가 있지만, 그냥 생각나면 한 번씩 듣는 노래의 가수이고 싶다. 오랫동안. 그런 마음으로 노래한다. 그래서 나 스스로를 아낀다. 최고의 것들만 골라서 들려주고 싶다.

내년에 공개할 새 앨범 타이틀을 '디렉터director'로 정했다. 대부분 맨 앞글자를 대문자로 표기하는데, 난 소문자로 적었을 때 뭔가 다양한 해석을 주는 그 느낌이 좋았다. 문장 한 가운데에 있는 듯한, 혹은 미완성의 느낌, 감독이란 이미지도 있고. 그런 것들을 어필하고 싶었다. 이전까지는 자이언티라는 아이덴티티를 잡아가는 시기였다면, 지금부터는 그동안 연구한 테크닉과 노하우를 토대로 나만의 캐릭터를 만들어가는 작업이 될 것이다. 그래서 또다시 1집을 준비하는 느낌이다. 내가 진심으로 하고 싶은 이야기가 중심이 되는 그런 만족스러운 음악을 하고 싶다.

대중문화를 읽으면 세상을 앞서간다

Part 2

K-POP
크리에이티브 트렌드

06

쪼개기, 짧아야 듣는다

∴ 쪼개야 산다. 짧아야 듣는다.

'월간 윤종신' '월세 유세윤' '수상한 커튼의 일년' '월경 남수림'……. 이름은 제각각이지만 이들은 모두 한 가수가 매달 신곡을 디지털 싱글로 발표하는 프로젝트를 가리킨다. 이러한 경향의 정착은 1~2년의 기획과 숙고, 제작 끝에 10곡 내외가 담긴 한 장의 정규 음반을 내는 시대가 끝나가고 있음을 시사했다. 적은 금액만 지불해도 무한에 가까운 노래를 들을 수 있는 스트리밍의 시대에 생산자들은 이런 시리즈물을 제작함으로써, 음원 서비스 내에서 직접 자기 콘텐츠를 큐레이션하고 있는 것이다. 여기에 스토리텔링은 필수다.

그때그때 써서, 그때그때 발표한다

'그때그때 써서, 그때그때 발표한다.'

이는 가요계에서 이슈와 인기의 회전주기가 극단적으로 짧아짐에 따라 음악인이 거기 적응하려는 몸부림으로 해석되었다. 앨범보다는 곡별 다운로드, 곡별 다운로드보다는 인기차트 스트리밍, 스트리밍에 더해 음원 서비스의 목록 추천 큐레이션 서비스로 청취자들의 선호 성향이 이동하면서, 창작에 자신감이 있는 일부 음악인들은 음원 서비스라는 플랫폼 내에서 스스로 브랜드와 큐레이션 기능을 갖추고 이를 홍보하는 방법을 고안해낸 것이다.

2010년 출범한 프로젝트 '월간 윤종신'은 5주년을 맞았다. 이제 TV 예능 프로그램 패널로 더 바빠지고 유명해진 윤종신이 매달 거르지 않고 한 곡씩 만들어 발표한다는 프로젝트는 무모해 보였다. 가요계 관계자들은 '제작 여건상 상식적으로 말이 안 될 정도로 힘든 콘셉트'라고 입을 모았다. 하지만 윤종신은 어떻게든 해내고 있다. 스마트폰 앱과 웹 매거진까지 아우르며 가장 성공적인 브랜드를 만들어냈다.

5년간 이어가다 보니 소재가 떨어질 법도 하다. 2015년 '월간 윤종신'은 영화나 전시와 노래를 매칭하는 방식으로 타개책을 찾았다. '쿠바 샌드위치'(1월호)는 〈아메리칸 셰프〉, '버드맨'(2월호)은 〈버드맨〉, '메모리'(3월호)는 〈스틸 앨리스〉, 그리고 7월호는 아예 동명의 한국 영화 신작 제목인 〈뷰티 인사이드〉를 그대로 노래 제목으로 가

'수상한 커튼의 일년' 앨범

져왔다.

'월세 유세윤'과 '수상한 커튼의 일년'은 2015년 1월 출범했다. '월세 유세윤'은 개그맨 특유의 재치 있는 작명부터 이목을 모았지만, 정작 5월 이후엔 한 번만 나오고, 1월~6월 다섯 곡만 내고 자취를 감추었다. 반면 싱어송라이터인 수상한 커튼의 '수상한 커튼의 일년' 프로젝트는 꾸준했다.

이들의 최대 과제는 제한된 시간에 전체 흐름에 맞으면서 하나하나 기발한 아이디어를 끌고 갈 수 있느냐이다. 수상한 커튼은 3월에 '좋은 계절', 8월에 '늦여름밤'이란 곡을 끼워 넣으며 계절의 변화에 따른 연애의 상황으로 드라마를 만들어갔다. 역시 쉬워 보이지는 않았다. 8월 초, 그가 자신의 트위터 계정에 올린 내용이다.

"무언가를 꾸준히 해나간다는 게 얼마나 어려운 일인지 온몸으로

격하게 깨닫고 있는 중. 아, 정말 다 버리고 도망가고 싶다."

여성 래퍼 남수림은 '2015 월경 남수림'이란 브랜드를 당차게 내세웠지만, '5월경'과 '11월경' 단 두 곡을 발표하는 데 그쳤다.

엑소의 팬덤과 빅뱅 대중성의 싸움

월간 디지털 싱글 발표의 정점에는 빅뱅이 있었다. 현재 K-POP을 대표하는 두 남성 아이돌그룹, 빅뱅과 엑소가 180도 다른 행보를 보여서 시장의 관심이 더욱 컸다. 엑소는 3월 30일, 10곡이 담긴 정규 2집 〈엑소더스〉를 발표했다. 빅뱅은 5월부터 8월까지 매달 초 2개씩의 신곡을 쪼개서 냈다. 이를 묶은 앨범은 하반기에 내놨다. 물론 같은 곡들에 대해 엑소는 디지털 음원, 빅뱅은 음반 형태로 내기는 했지만 승부수는 각각 CD와 디지털 싱글에 둔 모양새다. 두 그룹은 2015년 가요시장에서 가장 흥미로운 광경을 연출했다.

엑소는 2년 전 1집 〈XOXO〉와 같은 방식으로 또 한 번 CD 판매만으로 밀리언셀러를 달성했다. 3월에 〈엑소더스〉를 75만 장 넘게 판 뒤 6월에 새 타이틀 곡 'Love Me Right'를 포함한 신곡 4곡을 더해 리패키지 앨범으로 판매고 37만 장을 추가해 결국 100만 장을 넘긴 것이다. 빅뱅은 '루저' '배배'부터 '우리 사랑하지 말아요' '뱅뱅뱅'까지 발표하는 곡마다 매달 초 주요 음원차트 1, 2위 또는 최정상권에 10일 이상 올려놨다. 어떤 산업에서 시장을 움직이는 양대 회사가 서로 완전히 다른 유통망에 방점을 두는 일은 매우 드물다. 그런데 왜 이런 일이 일어났을까.

'MADE 프로젝트'를 기획한 양현석 YG의 대표 프로듀서는 이렇게 단언한다.

"현 가요시장에서 음반의 시대는 끝났다."

가요계 내에서 빅뱅의 월간 싱글 프로젝트에 대한 분석과 예상은 엇갈렸다. 일각에서는 빅뱅처럼 싱글 파괴력이 있는 그룹에게도 이 프로젝트는 결코 쉽지 않을 것이라고 예상했다. 다섯 편짜리 블록버스터 시리즈 영화를 만든다고 가정해보자. 한 편이 망하면 나머지 네 편이 도미노처럼 연쇄 붕괴될 수 있다. 게다가 이 전략은 매달 새로운 도전자들의 도전을 받아야 한다. 예를 들어 만약 첫 달이나 둘째 달에 2014년의 '썸' 같은 메가 히트곡과 맞서는 대진운을 받는다면 망할 수 있다는 것이다. 그런데도 빅뱅이 모험을 건 기반은 음원 차트를 매달 장악할 수 있다는 자신감이었다. 음반에서는 엑소가 밀리언셀러(2013년 '으르렁')를 기록한 '넘사벽'이란 이미지가 강하므로, 빅뱅은 음원에서 정상이라는 차별화 전략을 꾀했던 것이다. 한마디로 엑소의 팬덤과 빅뱅의 대중성 간의 충돌인 셈이다.

반면 SM은 전통적으로 팬덤 관리에 강하다. YG는 뉴미디어 시장을 앞장서서 개척해왔다. 각자 잘하는 분야에 집중하는 것일 뿐이라는 견해도 있다.

차우진 대중음악평론가는 이 의견에 대체로 동의하며 다음과 같이 말했다.

"SM과 YG 모두 앨범 단위의 퀄리티를 중시하는 데에는 공통점을 갖고 있다. 다만 이를 풀어내는 방식이 다른 것뿐이다."

수직적이고 개별화되어 가는 엔터테인먼트의 소비 방식

전문가들은 SM과 YG가 지금까지 독자적으로 쌓아온 판이한 기업문화와 제조 공정 역시 이 같은 차이를 불러온다고 분석했다. 국내외 작곡가 네트워크를 통한 대량생산이 가능한 SM은 여러 곡을 모아 한 번에 발표하는 미니앨범이나 정규앨범에 주력해왔다. 2012년 데뷔한 엑소는 데뷔 초 티저 성격의 두 곡을 디지털 싱글로 공개했을 뿐, 이후 각각 두 장의 미니와 정규앨범으로 신작을 몰아 발표했다. 반면 작곡 과정이 사내 프로듀서 몇 명에 집중돼 있는 YG는 '쪼개 내기'가 잦았다. 빅뱅은 2006년에 데뷔했지만 10곡 넘게 담긴 정규앨범은 엑소처럼 두 장뿐이다(2006년 〈빅뱅 Vol.1〉, 2008년 〈리멤버〉). 빅뱅은 데뷔 초부터 일정 간격으로 싱글이나 미니앨범을 내는 전략을 구사해왔다. 같은 회사의 여성그룹 2NE1도 '내가 제일 잘 나가' '론리' '아이 러브 유'를 포함한 여러 곡을 싱글로 냈다.

SM은 체계적인 팬덤 관리, 앨범 수록곡을 직조하는 A&R에서는 국내 최고의 노하우를 갖고 있다. '으르렁'을 담은 엑소 1집 〈XOXO〉를 100만 장 넘게 팔아낸 SM이 부가가치가 낮은 디지털 싱글에 목을 맬 이유가 없다. 10곡이 들어간 엑소의 새앨범 〈엑소더스)의 정가는 1만 7,800원이다. 곡당 660원에 팔리는 디지털 음원을 27회 다운로드해야 얻을 수 있는 가격이다. CD 한 장의 물리적 제조가는 대개 5,000원 안팎이다. 아무리 화려하게 포장을 해도 1만 원이 넘지 않는다. 또한 음원 사이트가 40퍼센트, 각종 권리자가 나머지 상당 부분을 떼어가는 디지털 음원에 비해 수익률이 높다. 고부가가치의 CD를 50만 장, 100만 장 팔 확신이 있다면 굳이 이를 쪼개 수익성 낮은 디지털 싱글로 낼 필요가 없다는 것이다. SM은 지난해 두 명의 중국인 멤버를 잃은 엑소의 추가 이탈 위험이 상존하는 상황에서 단기간에 큰 매출을 올리는 게 낫다는 계산을 했을 수도 있다.

차우진 대중음악 평론가는 이런 쪼개기 전략을 마블 히어로와 비교했다.

"토르, 아이언맨, 캡틴 아메리카의 스핀오프가 나열되다가 어벤져스로 모이는 느낌과 비슷하다. 빅뱅이 지닌 가치는 음악 이상이다. 라이프스타일과 시대정신까지 포괄하는 다양한 바이럴과 프로모션, 다양한 이벤트를 빅뱅이란 종합 브랜드 안에 늘어놓으면서 주목도를 끌어간다는 건 좋은 전략이다. 이 모든 것이 앨범 하나로 묶일 때까지 이런 저런 시도를 해본다는 것이다. 이런 전략은 현재 엔터테인먼트 콘텐츠의 소비 방식이 수직적이고 개별화되어 가는 경향과도 잘 맞물린다."

이는 점점 짧은 것을 좋아하는 스낵 컬처 현상과 맞물려 더욱 가속화될 것으로 예상된다.

07

Pop Culture Trend 2016

음악 예능,
리얼리티 킬드 더 K팝스타?

　•• 이쯤 되면 권력이다. 거대한 팬덤 없이 한 곡의 노래도 알리기 힘든 요즘 세상에서 잘 키운 음악 예능은 무명 가수를 단번에 스타로 만든다. 대중은 더 이상 히트곡을 만들어내는 주체가 아니다. 그저 방송사에서 선별한 플레이리스트 안에서 히트곡이 선택될 뿐이다. 사지선다형 선택지에서 답을 고르듯, 그렇게 히트곡은 탄생된다. 〈무한도전〉 가요제나 〈쇼미더머니〉〈슈퍼스타K〉〈투유 프로젝트-슈가맨〉〈불후의 명곡〉 등 음악 예능 속 음원 열풍은 올해도 계속됐다.

　물론 실력 있는 뮤지션들이 대중에 알려지는 건 크게 반길 일이다. 그간 소리 없이 힙스터들의 지지를 받았던 인디밴드 혁오는 〈무한도전〉을 통해 대세로 떠올랐고, 〈쇼미더머니〉를 통해 장르 신에서만 실력을 인정받던 래퍼들이 차례로 대중에 소개됐다. 자이언티의 '양화대교'는 〈무한도전〉에 삽입되면서 다시 음원차트 1위에 올랐고, 복면을 쓰고 진솔한 노래를 들려준 연예인들은 주말 검색어를 독차지한다. 더욱 거세진 예능의 힘은 올해도 유효하다.

대중매체의 막강한 영향력이 하루 이틀 얘기는 아니지만, 가요계의 방송 의존도가 높아질수록 우려의 목소리도 커진다. 많은 가수가 기회를 얻는다는 점에서 긍정적인 견해도 있지만 음악보다 방송으로 존재감을 어필해야 한다는 점은 씁쓸하다. 더 이상 음악만 잘해서는 생존할 수 없는 환경에서 방송을 타고 이슈가 돼야 그나마 노래를 알릴 수 있는 게 현실이다. 게다가 방송 출연도 기획사의 규모가 커야 가능한 일이니 그들 간의 격차는 더욱 벌어지는 게 사실이다. 방송권력이라고 해도 무색하지 않을 정도로 방송의 힘이 막강해진 만큼, 그들의 책임 있는 태도가 선행되어야 하는 것은 당연하다.

다양성의 탈을 쓴 획일성의 또 다른 그림자

올해도 논란을 거듭한 〈쇼미더머니〉의 경우를 보자. 송민호의 가사 논란이나 블랙넛의 선정적인 퍼포먼스, 볼썽 사나웠던 사이퍼 미션 등 스포츠 정신 운운하며 자극적인 경쟁을 부추기는 등 모순투성이다. 이는 장르 문화를 소개하는 과정에서는 더더욱 위험하다. 결국 '힙합은 원래 그렇게 해도 되는 거 아니냐?'는 일부 대중의 잘못된 인식을 방송이 앞장서 인정하는 꼴이다. 장르에 대한 이해가 부족한 제작진의 무지함에서 비롯된 일인 것이다. 사이퍼 미션의 장이 난장 판이 되자 출연진들조차 당혹감을 감추지 못했다. 노이즈 마케팅으로 화제몰이에는 성공했을지는 몰라도, 결국 피해는 고스란히 대중음악 현장으로 돌아오는 셈이다.

신보를 발표한 가수들은 3분가량의 무대를 선보이기 위해 많은 시간과 노력을 쏟는다. 하지만 음악 방송 프로그램도 대부분 아이돌 가수들에 집중되어 있고 대형기획사가 아니면 기회를 잡기도 쉽지 않다. 단기간에 승부를 봐야 하는 현 가요계의 분위기상 이슈 메이킹에 매달리는 건 당연하다. 특히 방송 한 회에서 극적인 성공 스토리에 감동하여 이슈를 보장받으면 음원공개까지 이어진다. 더욱이 주말 황금시간대에 홍보시간을 배정받고 곧바로 음원을 출시하는 것, 이보다 확실한 프로모션은 없다. 사실 이 같은 문제는 외국에서도 끊임없이 제기되어 왔다.

뮤직비디오의 신드롬을 알린 1970년대 말. 영국 그룹 버글스^{The Buggles}는 영상매체의 등장으로 기존 가수들의 생명력이 급격히 짧아진 당시 음악계를 비꼬았다. '비디오 킬드 더 라디오 스타^{Video Killed the Radio Star}'. 이 곡은 뮤직비디오가 라디오 스타를 죽인 당시 현실을 노래했고, 이후 뮤직비디오 스타를 죽인 건 다름 아닌 TV 속 리얼리티였다. 또 미국 유명 오디션 프로그램 〈아메리칸 아이돌〉 출연 가수들의 음원이 순식간에 차트를 점령하자 팝스타 로비 윌리엄스는 '리얼리티 킬드 더 비디오 스타^{Reality Killed Video Star}'란 곡을 발표한 바 있다.

연말마다 반복되는 오디션 음원 소식에 해외 가수들이 반발한 사례도 여러 번 있었다.

예능 프로그램에 한 번 노출되는 것이 음악 무대보다 효과적인 홍보 창구가 된 세상이다. 뮤직비디오, 유튜브, 리얼리티, 오디션 등 음악은 이제 더 이상 음악으로만 존재하지 않는다. 들리는 것과 보이는 것, 또 다른 자극적인 것들에 점령당하고 있다. 본질적으로 재능 있는 뮤지션을 예능만으로 알리는 건 한계가 있다. 음악의 다양성과 실력파 뮤지션의 발굴, 이제 방송을 계기로 자리 잡은 대중의 관심을 꾸준히 유지하는 것, 방송사는 단순히 시청률 좇기가 아닌 양질의 진정성을 전달하려는 자세가 필요하다. 매해 반복되는 음악 예능과 서바이벌 프로그램의 열풍은 어쩌면 '다양성'의 탈을 쓴 '획일성'의 또 다른 그림자일지 모른다.

누구도 부인할 수 없는 막강한 홍보 툴

예능 음원의 차트 점령. 가요계 아무도 놀라지 않았고, 누구는 괜찮지 않았을 것이다. 트렌드를 예측하는 것은 어렵지만 〈무한도전〉 가요제의 경우는 다르다. 모두가 예상한 대로 음원차트 상위권을 줄세웠다. 꼭 〈무한도전〉만의 얘기는 아니다. 차트 100위 안에서 예능 프로그램 덕을 본 음원은 무려 31곡에 달했다. 이미 1위부터 10위까지 도배한 〈무한도전〉 〈쇼미더머니〉에 〈언프리티랩스타〉 〈투유 프

로젝트-슈가맨〉〈슈퍼스타K〉까지 가세해 하반기 예능음원의 비중
은 더욱 커졌다.

올해 〈무한도전〉 가요제에서 가장 인상적인 한 장면은 '티키타 리
듬에 맞춰 스핀~ 기타 리프 테마는 스팅의 Shape Of My Heart(아
이유와 박명수 팀 '레옹' 중에서)'이다. 가요제 현장을 찾은 관객들은 처
음 들어보았을 이 곡을 능숙하게 따라 불렀다. 박명수가 낯선 리듬과
랩을 연습하는 과정이 짧게 방송되었을 뿐인데, 시청자들은 멜로디
를 기억한 것이다. 방송을 통해 학습된 결과다. 우리는 그렇게 예능
음원이 히트곡이 되어가는 과정을 경험했다.

예능 음원이 잘되는 것은 당연하다. 높은 시청률을 보장하는 인기
프로그램 안에서 스토리가 더해져 공감이란 힘을 얻기 때문이다. 문
제아 래퍼들에 인간극장 같은 연출로 행동에 이유를 부여하고, 노래
로 감동을 전달했다는 오디션 프로그램의 홍보문구 또한 반복된다.
결국 대중이 열광하는 건 공감이다. 단순히 음악을 듣고 뮤직비디오
를 시청하는 것보다 훨씬 설득력을 갖는다. 그 과정에서 시청자들은
좋은 싫든 친숙함을 느끼고 그들의 팬이 되어간다.

누구도 부인할 수 없는 막강한 홍보 툴이다. 가요계에서 예능 음원
이 위협적인 존재가 된 지는 오래이다. 이는 더 이상 음악을 찾아 듣
지 않는 대중의 분위기도 한몫했다. 어떤 곡을 들어야 할지 몰라서
차트 100위곡을 돌려 듣는다. 하루에도 많은 신곡이 쏟아지지만 선
택의 갈림길에서 선뜻 손이 가지 않는다. 신선한 음악을 하는 뮤지션
을 발굴하기보다는, 장사 좀 된다 싶으면 비슷한 음악을 찍어내고 제

작자들은 너도 나도 히트 작곡가들을 찾는다. TV를 틀어도 몇 안 되는 음악 프로그램 속에서 같은 얼굴과 홍보 패턴이 반복된다. 피로감이 쌓인 탓이다.

클릭 몇 번이면 가수에 대한 정보는 물론 미공개 곡까지 감상이 가능한 세상을 살고 있다. 하지만 사람들은 음악을 애써 찾아 듣지 않는다. 음악은 넘쳐나도 누가 골라주지 않으면 들을 생각이 없다. 큐레이터 역할을 하고 있는 건 어쩌다 보니 예능이 되었다. 서점 입구에 진열된 베스트셀러 책을 믿고 구매하는 심리처럼 말이다. 결국 다양한 장르음악을 들려주고 문화를 정착시키는 데 실패한 가요계가 자초한 결과다. 이제 TV가 그 역할을 할 뿐이다.

상황이 이렇다 보니 방송사는 물론 오디션 심사위원들의 한마디에도 책임이 요구된다. 대중은 노출된 만큼 영향을 받기 나름이다. '세상에 없는 음악'이라는 등 무책임한 극찬은 대중을 흔든다. 계산된 이슈에 음원 공개까지, 황금시간대에 홍보시간을 배정받고 음원이 출시되는 과정은 내년에도 반복될 것이다. 어쩌면 스타를 만들고 히트곡을 만드는 건 대중이 아니다. TV가 짜놓은 플레이리스트 안에서 히트곡이 나오는 것이다. 최근 대형기획사가 예능인을 차례로 영입하는 것도 이 같은 분위기를 뒷받침하는 현상이다. 예능 진입에 수월하기 때문이다.

최근 신곡을 발표한 한 가요 제작자의 한탄이다.

"오랜 기간 고민하고 만든 음악도 작정하고 만든 방송사의 이벤트 음원 앞에서는 아무 소용이 없다."

하지만 방송사의 어떤 이벤트성 음원에도 흔들리지 않을 콘텐츠와 견고한 음악시장을 구축하지 못한 탓이다. 모두가 소몰이 창법을 좇을 때도, 후크송 열풍이 불 때도 서로 따라 하고 복제하고 베끼는 사이에 믿고 듣는 음악에 대한 기대치는 추락했다. 늘 새로운 것을 찾는 대중의 심리를 간파하지 못한 탓에 이제는 TV가 라디오 같은 역할을 하고 있다. 음원차트도 인기차트가 된 마당에 혁오 같은 밴드 한 팀이라도 더 알려진다면 그걸로 다행이다. 다양한 장르의 좋은 음악이 소개된다면 그걸로 됐다. 단, TV가 올바른 가이드 역할을 해주고 있다는 전제하에 말이다.

음악 예능은 트렌드이자 골칫거리

음악 예능은 전 세계적인 트렌드인 동시에 여전히 대중음악계의 걱정거리다. 이미 지난 2009년 영국에서는 비슷한 논란이 있었다. 2005년부터 2008년까지 4년간의 크리스마스 시즌 동안 영국 UK차트에서는 오디션 프로그램 〈엑스펙터〉의 우승자들이 매번 1위를 하는 일이 벌어졌는데, 이를 반대하는 캠페인이 확산됐던 것이다. 그것은 크리스마스 시즌에 맞춰 오디션 우승자를 뽑고 싱글을 발표하는 상업적인 전략에 반대하는 목소리였다.

기획상품인 아이돌이 점령하는 크리스마스의 차트를 바꿔보자는 취지에서 출발한 이 캠페인은 결국 차트 결과를 바꿔놓았다. 밴드 레이지 어게인스트 더 머신의 해묵은 곡 '킬링 인 더 네임Killing In The Name(자본주의에 반대하고 사회 지배계급에 대한 냉소와 분노를 날렸던 RATM의 대표곡)'은 네티즌들의 지지를 얻고 차트 1위에 올랐다. 네티즌들이 바꿔놓은 크리스마스의 기적과도 같은 일이었다.

전문 분야가 TV라는 매체와 결합되었을 때의 파급력은 상당하다. 다양한 요리 TV 프로그램이 인기를 얻으면서 스타 셰프들이 주목받고, 요리는 더 이상 여자들의 영역이 아닌 것이 되었다. '요섹남(요리하는 섹시한 남자)'라는 말이 등장할 정도로 올 한해 남자 셰프들의 인기는 특급 연예인 못지 않았다. 잠잠하던 출판계 역시 tvN 〈비밀독서단〉의 인기로 다시금 활력을 얻고 있다. 이 프로그램에 소개된 책들이 하루아침에 베스트셀러로 등극하면서 출판계에 적잖은 파란을 불러일으키고 있다. 그만큼 TV는 하룻밤새 멀쩡한 사람을 스타로 만들고, 트렌드가 소비되는 흐름의 판도도 바꾸어놓는다.

음악 역시 더 이상 듣는 것만으로 존재하지 않는다. 1980년대 마이클 잭슨의 '문 워크' 신드롬과 함께 떠오른 뮤직비디오의 인기는 새로운 시대를 열었고, '듣는 음악'에서 '보는 음악'으로 변화의 시기를 맞이했다. 그리고 유튜브의 인기는 온갖 패러디 열풍을 낳으며 활기를 불러일으켰다. 이어 TV 리얼리티 속 음악들이 가요계를 위협하기 시작했다.

여기에는 가요 팬들의 음악을 인식하는 방식이 가벼운 엔터테인먼트로 기울 수 있다는 지적도 존재한다. 음악이 디지털화되면서 음악을 적극적으로 구매하는 대중이 줄어드는 요즘, 리얼리티 쇼의 가요계 장악은 음악의 소비 패러다임의 변화를 낳는다. 음악을 찾아 듣는 것이 아니라, 엔터테인먼트에 길들여지는 분위기다.

비디오가 라디오 스타를 죽였고, 리얼리티 속 음악들이 비디오 스타를 죽였다. 귀로 듣는 음악은 있는 그대로의 음악으로서 존재해야 한다. 보이는 것과 또 다른 자극적인 어떤 것에 점령당하고 있는 지금, 다음에는 어떤 것에 음악이 죽어야 할까.

08

자기 위로, 루저들을 위한 노래

'집안도 가난하지. 머리도 멍청하지. 모아둔 재산도 없지. 아기를 낳고 결혼도 하잔 말이지? 학교도 보내잔 말이지? 나는 고졸이고 너는 지방대야.'

엠넷 〈슈퍼스타K 7〉 참가팀 중식이 밴드가 부른 '아기를 낳고 싶다니'란 노래가사 일부다. '촌스록Rock'이란 친숙한 음악을 추구하는 이 밴드의 노랫말이 낯설지 않다. 임신 후 결혼하자는 여자 친구의 말에 돈 걱정부터 앞서는 남자의 모습을 그린 이 노래는 어떤 포장 없이 진솔하다. 그저 '아프니까 청춘'이라고 위로하기보다는 청춘의 복잡한 심리를 솔직하게, 그것도 아주 직설적으로 표현해 공감을 얻은 노래다.

2015년 대한민국 젊은이들은 힘들다. 취업 준비로 팍팍한 삶을 살

중식이 밴드 멤버들 _ 중식이 밴드 제공

다보니 연애는커녕 결혼도 진작에 포기했다. 내집 마련은 꿈도 못 꾼
다. 분명 '인간은 사회적 동물'이라고 배웠는데, 어딜 가나 주머니 사
정이 변변치 않으니 인간관계마저 가벼워지는 느낌이다. 어린 시절
품었던 꿈과 희망은 왠지 다른 사람 얘기인 것만 같다.

　고단한 일상을 살아가는 청춘에게 2014년 방송된 tvN 드라마 〈미
생〉은 신드롬에 가까운 인기를 얻었다. '시련은 셀프다' '버텨라. 밖
은 지옥이다' 등의 명대사로 직장인들을 웃고 울렸고, 지옥 같은 현
실에서 벗어나기 위해 고군분투하는 회사원들의 모습을 담아내 큰
공감을 자아냈다. 이러한 호응은 음악의 단골 소재인 '공감과 위로'
라는 키워드와 맞물려 또 다른 트렌드가 되었다. 상처받은 마음을 보
듬어주는 노래가 본격적으로 소비되기 시작했다.

대중음악사의 영원한 주제인 '사랑'과 '이별'에 '위로'란 키워드를 하나 더 포함시켜야 할 것 같다. 소위 말해 '루저^{Loser}'가 대중문화의 중심 키워드로 자리 잡은 것은 최근 일만은 아니다. 밴드 장기하와 얼굴들이 등장하면서 루저는 하나의 하위문화로 여겨지게 됐다. 하지만 지금의 분위기는 조금 다른 의미로 받아들여진다. 이전에는 B급 콘텐츠로만 여겨지던 그것이 올해 들어서는 본격적으로 대중의 보편적인 공감으로 퍼지기 시작한 것이다. 주로 상대방을 비하하는 표현으로 쓰였던 루저란 단어에 사람들이 자기자신을 대입시키면서 대중적으로 확산된 셈이다.

다시 말하면 그만큼 자신의 위치를 루저라고 여기는 젊은이들이 많다는 얘기다. 이처럼 치열한 경쟁 사회 속에서 불안함에 시달리는 젊은이들은 대중문화 콘텐츠 속 루저의 모습을 보고 함께 울고, 웃으며 자신의 가치를 찾는 여정을 계속하고 있다. 연애하기도 힘든 세상에 위로는 사랑과 이별이란 주제보다 더 막강한 공감을 끌어내는 키워드임이 분명하다.

1년 내내 울려퍼진 위로의 노래들

세대 공감, 꿈, 희망 등 위로를 건네는 노래들은 1년 내내 울려퍼졌다. 올초 그룹 빅뱅은 '루저'란 신곡을 발표하고 공감대를 형성했다. '외톨이, 센 척하는 겁쟁이'인 노래 속 화자는 자신을 '그저 길들여진 대로 각본 속에 놀아나는 슬픈 삐에로'라고 고백한다. 현실에 상처받고 힘들어하는 청춘들의 모습이라고 해석되는 이 노래는 20대인 빅뱅 스스로의 모습을 투영한 노래이기도 하다. 월드스타에게도 똑같은 아픔과 고민이 있다는 것은 듣는 이에게 조금이나마 위로를 줄 수 있게 됐다.

음원깡패라 불리며 차트 1위를 휩쓴 자이언티의 히트곡도 위로를 주제로 한 곡이다. '꺼내 먹어요'는 힘이 들고, 누군가 위로해줄 사람이 필요할 때 찾을 수 있는 위안처 같은 사랑 노래이다. 또 '양화대교'는 잊고 지냈던 아버지의 소중함을 일깨우며 공감을 샀다. '우리 집에는 매일 나 홀로 있었지. 아버지는 택시드라이버. 어디냐고 여쭤보면 항상 양화대교'란 내용의 자전적인 가사가 준 울림은 상당했다. '위로'의 노랫말이 '가족'이라는 보편적인 공감에 닿자, 듣는 이 모두의 노래가 되었다.

아이유는 동갑내기 스물셋에 대해 자기만의 방식으로 담담하게 위로를 건넸다. 아이유의 네 번째 미니앨범 〈CHAT-SHIRE 챗셔〉는 현재 자신의 사소한 감성이자, 갈팡질팡하는 스물세 살을 노래한다. 어른인 듯싶다가 아직 아이인 듯하고, 사랑을 하고 싶지만 돈을 벌고 싶기도 하고, 죽은 듯 살고 싶지만 다 뒤집어보고 싶기도 하다. 의식이 흐르는 대로 솔직하게 표현한 아이유의 고백은 곧 동갑내기 그들의 속마음이다.

또 어디 하나 기댈 곳 없는 청춘남녀의 힘든 일상을 위로해주는 소유와 권정열의 듀엣곡 '어깨'도 많은 가요 팬의 공감을 사기에 충

'꺼내 먹어요' 앨범

분했다. 모든 게 내 맘 같지 않아서 힘들고 지칠 때, 누군가에게 기대어 쉬고 싶을 때, 그런 지친 마음들을 다독여줄 노래이다. 싱글족 500만 시대에 N포 세대로 살아가는 많은 사람을 위한 노래이자, 모두에게 위로와 희망을 전하는 이 곡은 어쿠스틱한 느낌의 소박함이 진한 감성을 이끌어내며 듣기 편한 감상을 전달했다.

올해 가요계의 발견인 밴드 혁오의 신드롬 역시 위로의 측면과 깊이 맞닿아 있다. MBC 〈무한도전〉 출연으로 인지도를 쌓은 혁오의 대표곡 '위잉위잉'은 사랑을 사치로 여기는 백수 청춘의 처지를 감각적으로 그린 곡이다.

사람들 북적대는 출근길의 지하철엔
좀처럼 카드 찍고 타볼 일이 전혀 없죠.

집에서 뒹굴뒹굴 할일 없어 빈둥대는 내 모습

너무 초라해서 정말 죄송하죠.

위잉위잉 하루살이도. ('위잉위잉' 中)

너도 나도 살기 힘든 세상

주로 사랑과 이별을 주제로 댄스곡을 선보였던 아이돌 가수들이 위로를 주제로 한 곡을 타이틀곡으로 내세우기 시작한 것도 눈에 띄는 변화다. 올해 '괜찮아요' '집으로 가는 길' 등의 곡을 발표한 그룹 비투비는 정형화된 아이돌의 틀에서 벗어나 가창력과 감성만으로 진실한 메시지를 전달하겠다는 포부를 담았다. 특히 감미로운 멜로디 라인과 진심이 담긴 가사는 힘들고 지친 모든 사람에게 공감과 위로가 되어준다. 더불어 바쁜 일상 속에서 더는 기댈 곳이 없다고 느껴질 때, 이 노래를 통해 조금 쉬어 갈 수 있기를 바라는 마음이 담겨 공감을 사는 곡이다.

루저가 중심이 되는 노래가 결국 말하고자 하는 것은 그저 '패배'가 아닌, '가치'를 발견하자는 공유의식에서 출발한다. 음악은 가장 짧은 시간에 강한 메시지로 위로를 건넬 수 있는 콘텐츠다. 다들 살기 힘든 상황인 만큼, 자신에게 위안을 주는 음악을 찾는 사람들이 늘고 있다. 대중문화계의 위로 신드롬은 안전에 대한 불안, 경제 불황에 따른 불만, 사회에 대한 불신 등 이른바 '3불 시대'가 낳은 결과라고 진단하는 시각도 있다. 국가와 사회가 보호막이 되어 주지 못한다는 현실을 자각한 대중이 자연스럽게 위로 콘텐츠에 주목하는 것이란 의견이다.

　너도 나도 살기 힘든 세상에 살고 있는 지금, '위로'는 부정할 수 없는 '모두'의 키워드다. 많은 사람이 사람에게 위로받지 못한 채 노래 안에서 공감을 찾고 있다. 공감 어린 노래는 세상을 보여주는 뉴스이자, 드라마고 다큐멘터리가 된다. 드라마 〈미생〉은 끝났지만, 사정이 나아지지 않는 한 루저들의 노래는 계속 울려퍼질 것이다. 공감이 화두인 시대에 누군가 나서서 혁명적인 메시지를 주기보다는 그저 함께 고개를 끄덕거리길 원한다. '가만 보니 난 참 행복한 사람'이라고 흥얼대거나, 그저 별일 없이 살고 싶었던 것뿐이라고 투덜댄다. 그렇게 노래가 말을 건넨다. 나도 당신과 같은 삶을 살고 있다고. 노래가 사람들의 마음을 대신하고 있는 것이다. 그 어떤 화려한 표현도 공감을 대신할 수는 없다.

09

Pop Culture Trend 2016

팬덤과 SNS, 그 위대한 만남

●● 팬덤^{Fandom}과 SNS, 그동안 서로 없이 어떻게 살았느냐는 우스갯소리가 절로 나오는 단짝 중의 단짝이다. 해를 더해갈수록 거대해지고 조직화된 팬덤은 때로는 레이블보다 빠르게 움직이고 영민하게 판단하기 시작했고, 이들이 가진 잠재력은 SNS^{Social Network Service}, 즉 사회관계망서비스와 만나며 비로소 '폭발'했다. 열광적인 소수, 팬덤에서 시작해 팬덤으로 끝나는 노래와 가수가 얼마든지 존재할 수 있다는 것은 이제 가요계에서는 상식처럼 여겨지는 명제다. 특정 인물이나 분야를 열광적으로 좋아하는, 한때 처치 곤란한 광신도처럼 여겨졌던 팬덤. 이제 '이들을 잡아야만' 성공할 수 있는 시대로 접어들었다.

EXID의 '위아래' 역주행은 그로부터 1년이 지난 지금까지도 인구에 회자되고 있으며, 그렇게 팬덤에 '허를 찔린' 마케팅의 대표사례였다. 2014년 10월 18일 파주의 한 행사장에서 사랑받지 못한 유행가 '위아래'가 슬프게 울려 퍼졌다. 짧으면 하루, 길어도 일주일 안에 승부를 보지 못하면 미래가 없는 것으로 간주되는 피비린내 나는 아이돌그룹 전장에서 발표한 지 두 달도 넘은 이 노래가 사람들의 이목을 다시 끈다는 건 제작자가 두 번 죽었다 깨어나도 불가능한 일이었다.

　이 불가능을 그야말로 오병이어의 기적으로 승화시킨 건, 한 직캠러('직접 카메라나 캠코더로 찍은 사진이나 동영상'을 뜻하는 '직캠'에 사람을 뜻하는 '러(er)'를 붙인 합성어)의 직캠 영상 덕분이었다. 노래의 전주가

차트 역주행의 전설을 이룬 EXID _ 일간스포츠 제공

흐르는 사이 잠시 헤매던 화면은 금세 멤버 하니를 찾아 렌즈를 고정했고, 그녀를 담은 3분여의 이 짧은 영상은 그대로 인터넷망을 통해 전국으로 삽시간에 퍼져나갔다. 조회수는 수천에서 수만으로 정신없이 불어났고, 결국 EXID와 하니, '위아래'는 가요계 역사에 길이 남을 '차트 역주행'의 전설이 되었다.

이 놀라운 사건은 그럭저럭 활동을 이어가다 소리 소문 없이 사라졌을지도 모를 한 걸그룹의 생명을 구한 기적이었음과 동시에 SNS가 음악을 홍보하는 데 얼마나 중요한 수단이 되었는지에 대한 뚜렷한 증거이다. 이렇듯 시대를 반영한 현상에 가까웠던 '위아래' 직캠 영상은 2015년 3월 9일 직캠 영상 최초로 조회수 1,000만 고지를 돌파했다. 이 놀라운 에피소드는 최소한 세 가지의 사실을 증명했다. 첫째, 2차 창작이 원본보다 훌륭한 경우도 존재한다. 둘째, SNS의 효율적인 활용은 웬만한 공중파 출연보다 낫다. 셋째, 잭팟은 언제, 어디에서, 어떻게 터질지 누구도 알 수 없다.

기획사 자체제작 콘텐츠 붐

각 기획사별로 제작하고 있던 자체제작 콘텐츠들이 유독 각광받기 시작한 것 역시 이 즈음부터다. 사실 음악 시장, 특히 '뽑아낼' 콘텐츠가 많은 아이돌 음악 시장에서는 무대 밖의 가수들을 잘 보여주는 것이 비싼 가격의 타이틀 곡이나 유명 뮤직비디오 감독만큼 중요한 요소가 된 지 오래였다. 3세대 아이돌그룹들이 득세하던 2010년을 전후로 가장 각광받은 매체는 케이블 채널의 아이돌 리얼리티 프로그램들이었다. 공중파는 언제나 그랬듯 아이돌에게 높은 진입장벽을 적용했고, 다양한 소재를 향한 목마름에 줄곧 시달려온 케이블 프로그램 연출자들에게 하루가 다르게 쏟아지는 젊은 얼굴들은 그대로 훌륭한 자극이자 모티브가 되었다.

이 전성기를 이끈 수장은 누가 뭐래도 JYP의 보이그룹 2PM이었다. 이들은 MBC 에브리 원의 〈아이돌 군단이 떴다 그녀 시즌 3〉와 MNet의 〈2PM 와일드 버니〉 단 두 개 프로그램을 통해 아이돌 리얼리티계의 신화가 되었다. 이 즈음을 기점으로 아이돌 리얼리티 붐은 2013년여까지 이어졌다. 비스트의 〈비스트 시즌〉나 제국의 아이들의 〈제국의 아이들〉, 위너의 〈위너TV〉 같은 자신의 이름을 직접 건 프로그램들도 많았다. 또한, 〈깨알 플레이어〉(인피니트, 엠블랙, B1A4)나 〈어느 멋진 날〉(비스트, 빅스), 〈쇼타임〉(엑소, 시스타, EXID) 같은 한 가지 테마로 아이돌별 시즌을 제작하는 프로그램들이 큰 사랑을 받았다.

이 프로그램 안에는 정교하게 구성되어 있음이 분명하지만, 그렇다고 하기에는 너무나도 자연스러운 아이돌 스타들의 모습이 빼곡히 담겨 있었다. 당시 이 프로그램들이 소화된 주요 플랫폼은 (당연하게도) 유튜브였다. 리얼리티 프로그램의 인기는 '세계로 뻗어나가는 K-POP'의 전성시대와 맞물리며 순식간에 세력을 넓혀나갔다. 방송이 나간 지 몇 시간도 지나지 않아 각국의 자막이 달린 영상들이 유

〈Real GOT7〉에 출연 중인 GOT7 _ JYP엔터테인먼트 제공

튜브를 장악했다. 이 프로그램들은 K-POP이 굳건한 해외 팬덤을 다
질 수 있었던 숨어 있는 일등 공신들이었다.

이렇듯 한 차례 뜨거운 돌풍이 지나가고 난 뒤, 텅 빈 들판에 차곡
차곡 쌓이기 시작한 건 소속 아이돌을 중심으로 기획사가 직접 기획,
제작하는 일명 '자체제작 콘텐츠'들이었다. TV를 중심으로 사랑받
은 아이돌 리얼리티가 '리얼'임에도 불구하고 제작사나 방송국 등의
매개를 한 단계 더 거쳐야만 했던, 한계를 뛰어넘은 새로운 시도들
이 이어졌다. 2013년 네이버 스타캐스트의 오픈과 함께 현재까지도
이어지고 있는 그룹 GOT7의 〈Real GOT7〉을 필두로 빅스의 〈빅스
TV〉, 에이핑크의 〈에이핑크 다이어리〉 등이 대표적인 자체제작 콘
텐츠들이다.

한편 TV를 통해 만날 수 있었던 기존 아이돌 리얼리티 프로그램
의 구성과 형식면에서 거의 흡사한 이 콘텐츠들과는 달리, 최근의 추
세는 그러한 '프로그램의 틀'마저 깨버리는 형식이 대세다. 대표적인
예로 빅히트 엔터테인먼트의 7인조 남성 아이돌그룹 방탄소년단의
〈Bangtan Bomb〉을 들 수 있다. 빅히트와 유튜브 계정, 네이버 캐스

트 그리고 방탄소년단의 공식 SNS 계정을 통해 밤낮 없이 전송되는 이 콘텐츠의 길이는 평균 1~2분이다. 담고 있는 콘텐츠의 형식도 기존의 기승전결 형식의 뚜렷한 내용이 아닌 소년들의 '지금'을 스케치하는 느낌이 강하다. 촬영 역시 대부분 멤버들이 직접 하고 있기 때문에 결과물의 질은 떨어지지만, 팬들은 그 질적 차이만큼 가수와의 거리를 가깝게 느낀다.

자사 공식 채널이 아닌 아프리카TV의 생중계 방송으로 거침없는 비글돌의 매력을 어필했던 플레디스 소속 보이 그룹 세븐틴의 〈세븐틴 안드로메다〉나, 유명 프로그램의 패러디 영상(MNet의 〈언프리티랩스타〉를 패러디한 〈암프리티랩스타〉)이나 히트곡의 아카펠라 버전을 공개하며 큰 화제를 모은 그룹 마마무도 빼놓을 수 없다. 이 콘텐츠들은 공식계정은 물론 팬들 개개인이 가진 페이스북, 트위터 등의 SNS 계정을 통해 멀리멀리 퍼져나가며 그 무엇보다 효율적인 홍보 수단이자 새로운 팬의 유입을 돕는 일등 공신으로 활약 중이다. 자체제작 콘텐츠의 세계는 이미 방송국보다 크고, 팬들의 상상력보다 훨씬 넓게 성장해 있다.

시장장악을 향한 새로운 시도들

관계자들은 이러한 급격한 시장 변화에 스마트폰의 빠른 보급이 가장 큰 영향을 끼쳤다고 입을 모은다.

10대, 20대 팬들은 어차피 무엇을 보든 온라인, 인터넷, 스마트폰으로 찾아본다. TV와 온라인 구분이 거의 없는 첫 세대라고 할 수 있고, 그렇기 때문에 TV는 오히려 접근성이 떨어지는 매체라는 게 업계 관계자들의 분석이다.

인터넷과 스마트폰만 있다면 언제 어디서나, 어떤 자세로도 즐길 수 있는 내 손 안의 콘텐츠들. 대중성이나 높은 완성도보다는 실시간으로 빠르게 팬덤의 마음을 사로잡을 수 있는 색다른 형식의 콘텐츠들이 늘어나고 있는 현상도 이러한 변화상으로 설명할 수 있을 것이다. 세계에서 손꼽히는 인터넷 강국에서 인터넷에 가장 익숙한 세대가 만들고 인터넷이 낳은 장르 K-POP에 더없이 걸맞은 형태의 변화라고도 할 수 있다.

더불어 콘텐츠 자체의 목적과 홍보 방식도 예전과는 전혀 다른 양상으로 바뀌어가고 있다. TV를 통해 방송되던 기존의 아이돌 리얼리티가 활동기를 위한 콘텐츠이자 앨범 발매 홍보를 위한 직접적인 홍보수단으로서의 의미를 가졌다면, 지금 SNS를 통해 사랑받는 콘텐츠들은 오히려 공백기 동안 팬들을 잡아두는 역할에 충실하다. 이러한 변화는 K-POP의 세계적 인기로 부쩍 해외 나들이가 잦아진 K-POP 가수들의 일상과도 밀접하게 닿아 있다. 팬들이 직접 찍어 올리는 세계 각국에서의 '직캠'도, '내 가수'와 가장 가까운 곳에 있는 사람들, 혹은 자신들이 직접 찍어 올리는 '리얼'한 콘텐츠들도, 떨어져 있는 신체적 거리를 메우려는 노력들인 것이다. 화제성, 의외성, 퀄리티 모든 것이 중요하지만 그 모두를 상쇄하고도 남는 건 '팬들을 만족시킬 것'이다. 팬들의 마음을 잡으면 대중은 따라오게 되어 있다는 최근 업계의 인식 변화 역시 이러한 흐름에 바탕을 두고 있다.

이렇게 혼탁한 시장 변화 속, 네이버가 새로운 카드를 꺼내 들었다. 지난 9월 1일, 글로벌 스타 인터넷 방송 플랫폼 'V앱'을 공식 런칭한 것이다. 앞으로 다양한 방향으로 발전시켜 나가겠다는 포부는 있지만 현재로서는 K-POP 스타들의 다양한 소식을 실시간으로 전해주는 목적에 충실한 이 서비스는 지금껏 각 기획사가 자신들의 몫으로 여겼던 자체 콘텐츠 모두를 아우르는 구조를 가지고 있어 흥미롭다. 모바일을 기반으로, 새 음반 홍보를 위한 쇼케이스나 유튜브에서 공개되던 리얼 버라이어티, 해외 활동 대기실 스케치 등 그간 다양한 채널에 분포되어 있던 콘텐츠를 하나로 묶어 서비스하는 형태인 것이다. 네이버가 지닌 커다란 권력을 등에 업은 이 새로운 서비스가 한동안 쉬지 않고 달려온 자체제작 콘텐츠나 SNS 홍보 마케팅과 어떤 식으로 화학작용을 발휘해나갈 것인가. 콘텐츠 제작과 SNS 장악을 둘러싼 업계의 파워게임은 이제부터 시작이다.

10

레이블, 적과의 동침

2014년 소유와 정기고가 부른 곡 '썸'은 그야말로 가요 계의 대형사건이었다. 한해 22개의 트로피와 차트 최장기간 1위란 대기록을 세운 이 곡은 애매모호한 요즘 남녀 간의 연애행태를 뜻하 는 '썸'이란 트렌드를 발 빠르게 캐치해 신드롬이 되었다. 대형 걸그 룹들과의 맞대결로 달궈진 당시 가요계 분위기를 감안하면, 승자는 결국 엉뚱한 곳에서 터진 셈이다. 힙합 신의 15년 차 베테랑 가수 정 기고가 본격적으로 대중에 노출되기 시작했고, 씨스타 소유는 믿고 듣는 솔로 여성보컬로 가능성을 인정받게 되었으니 메이저와 인디 신의 윈윈 전략의 대표사례라 부를 만하다. 이것은 대중음악계의 또 다른 생태계의 시작을 의미하기도 한다. 메이저 기획사와 인디 레이 블의 교류는 단순한 협업에 머무는 게 아닌, 영리하게 서로의 장점만을 흡수하는 시스템의 형태다.

엔터테인먼트 생태계가 레이블 체제 중심으로 새롭게 재편되고 있다. K-POP 신드롬, 단발성으로 끝나는 이벤트가 되어서는 안 된다는 생각에서 출발한 대형기획사들의 장기적 브랜드 이미징의 일환이다. 대중문화뿐 아니라 사회 전반에 영향력을 끼칠 정도로 규모가 커져버린 업계가 그동안 K-POP 붐으로 글로벌 시장의 근간을 마련했다면, 이제는 그동안의 성공 사례를 기반으로 지속적인 엔터테인먼트 시스템을 구축하겠다는 의지를 드러낸 것이다. 그러기 위해서는 새롭고 막강한 콘텐츠 개발은 선택 아닌 필수다. 다양한 장르 뮤지션의 발굴과 탄탄한 시스템 확립을 위한, 오버와 인디 신의 영리한 동거생활이 시작됐다.

대형기획사가 성장가능성 있는 독립 레이블의 지분 확보

본래 '레이블'이란 레코드 업계에서 제작 브랜드명을 가리키는 용어로 인디 록, 힙합, 재즈 등 장르에서 활동하는 아티스트를 확보해 그들의 개성을 살리는 음악을 만들어내는 독립 음반기획사를 의미한다. 올해 대형기획사들 사이에 붐처럼 확산된 '레이블 체제'란 아티스트와 음반제작을 위한 전문화된 기업 형태로, 대형기획사가 성장가능성이 있는 독립 레이블의 일정 지분을 사들이면서 투자를 통해 회사 간 시너지를 극대화하는 체제를 일컫는다. 레이블 체제 아래 소속사는 기존 고유의 색깔을 유지하면서 협업을 통해 성장해나갈 수 있다. 다른 회사의 지분을 인수하거나 소속 아티스트들에게 독립 레이블을 만들어주는 등 방식도 다양하다.

스타쉽엔터테인먼트(이하 스타쉽)는 정기고, 주영, 매드클라운 등 힙합 알앤비 신의 실력파 아티스트를 영입한 '스타쉽 엑스'란 레이블을 꾸려 성공을 거뒀고, YG는 소속 가수인 에픽하이 타블로에게 '하이그라운드'라는 레이블을 차려주며 인디 신에서 가장 핫한 밴드라고 불리는 혁오를 영입해 주목을 받았다. 또 JYP는 소속 가수들 가운데에서 음악적인 색이 다른 이들을 묶어 '스튜디오 J'라는 레이블로 결과물을 내놓았고, 히트 작곡가 김도훈을 주축으로 한 레인보우월드브릿지는 가수 양파를 영입하면서 새로운 레이블을 만들었다. 개성이 강한 음악의 독립성을 보장하면서도 상위 기획사의 든든한 후원을 받는 상호 협력관계인 셈이다.

가요계 대형기획사들은 2015년을 사업확장 원년의 해로 삼고 변화의 길을 걷고 있다. 힙합, 알앤비, 록 등 다양한 장르의 음악에 큰 관심을 갖고 전문적인 레이블 체제를 구축한 것은 이들의 공통적인 행보다. SM은 K-POP의 다양성을 부각시키고 세계화시키기 위한 인디 레이블 '발전소'에 지분투자를 하며 글로벌 유통과 마케팅, 부가사업 등에서 굳건한 협력관계를 구축했다. 또 윤종신이 이끄는 미스틱은 종합 엔터테인먼트로 몸집을 키우면서도 브라운아이드걸스, 조형우 등이 소속된 음악 레이블 '에이팝'을 설립해 성과를 내고 있다. 로엔 역시 산하 레이블인 로엔트리와 콜라보따리로 나눠 차별화된 시스템을 구축했다. 그리고 CJ E&M은 CJ뮤직과 젤리피쉬, 뮤직웍스, MMO, 하이라이트레코즈 등 장르별로 대형 레이블 체제를 확립했다.

기획사들이 다른 회사의 지분을 인수하는 방법 등으로 계열화하며 레이블 체제를 구축한 데 이어 최근에는 소속 가수에게 별도의 레이블을 만들어주는 방식으로 영역을 확장하기도 한다. YG는 타블로에 이어 대표 프로듀서인 테디의 독립 레이블 설립을 준비 중이다. 이런 방식은 가수들이 소속사의 체계적인 기획력과 마케팅을 지원받으면서도 '1인 기획사'처럼 음악적 자율성을 보장받을 수 있는 이점이 있다. 이에 따라 기획사 전속과 1인 기획사의 갈림길에서 고민하는 가수들에게 새로운 대안이 될 것이다.

개성 있는 콘텐츠가 시급

대형기획사들이 공통적으로 레이블 체제를 구축하는 이유는 무엇일까. 대형기획사는 기획부터 마케팅까지 올 프로세스를 마련하고 막강한 홍보 툴까지 갖췄지만 개성 있는 콘텐츠가 시급하기 때문이다. 새로운 가수를 발굴하고 대중에 알리는 것은 기획사의 당연한 숙명이지만, 보다 완성도 있으면서도 리스크를 줄인 시스템을 선호하게 되는 것이 당연하다. 개성 있는 음악을 선보이는 인디 신 아티스트들에게 눈을 돌린 이유다.

일리네어 레코즈 더콰이엇, 빈지노, 도끼 _ 일리네어 레코즈 제공

이미 신에서 안정적인 마니아층을 갖춘 아티스트라면 두 말할 것
도 없이 영입 1순위이다. 이는 오버와 언더로 구분 짓는 시기가 이미
지나가고 있음을 의미한다. 예를 들어 도끼, 더콰이엇, 빈지노가 이
끄는 힙합 레이블 '일리네어 레코즈'가 방송 활동을 하지 않았는데도
대중에게 낯설지 않은 이름이 되고, 그들의 공연장은 늘 팬들로 빼곡
하다. 단단한 팬덤과 음악성마저 확보했으니 더할 나위 없는 포지셔
닝이다.

레이블 체제는 금전적인 한계에 부딪히는 중소기획사의 입장에서
는 거부할 수 없는 제안이기도 하다. 음반제작에서 활동, 해외 진출,
홍보 마케팅 등 제반 사항을 완벽하게 갖춘 환경 안에서 안정적인
활동을 보장받기 때문이다. 이에 제작사나 기획사는 음반을 만들고
가수를 키우는 데 집중하고, 대형기획사가 투자와 마케팅, 홍보에 집

중하는 형태로 만들어져 동반 상승효과를 기대할 수 있다.

탄탄한 시스템도 중요하지만 가장 중심이 되어야 할 것은 당연히 개성 있는 콘텐츠라는 얘기다. 여기에 레이블 형태의 시스템을 주목해야 하는 이유가 있다. 장기적인 안목에서 질긴 생명력을 유지할 수 있는 확실한 대안이다. 댄스음악이 주가 되는 아이돌 댄스그룹만으로는 한계에 부딪히다 보니 색다른 콘텐츠를 찾는 것은 당연한 일이 되었고, 아이돌 중심으로 사세를 확장해온 대형기획사들은 시스템을 재정비하기 시작했다.

대형기획사가 모든 장르의 음악을 하게 될 경우 가수의 개성이 묻힐 수 있다는 점에서 독립성을 유지하는 것 또한 중요하다. 그런 면에서는 따로 독립적인 공간을 두고 협업의 형태로 가는 것이 훨씬 유리하다. 대형기획사는 록, 힙합 등의 레이블을 만들면서 다양한 소속 아티스트를 영입할 수 있고 아이돌 팬덤뿐 아니라 마니아층의 지지 세력 또한 확보할 수 있다는 계산에서다. 본격적으로 인디, 힙합, 록 등 타 분야에서 다양한 음악적 지분을 확보하기 시작한 것이다.

JYP, 박진영 중심에서 시스템 중심 체제로

그중 올해 JYP의 행보는 유독 눈에 띈다. 그동안 대부분의 결과물이 프로듀서 박진영의 지휘 아래 나왔던 반면, 올해는 외부에서 다양한 장르 작곡가의 곡을 흡수하는 등 공격적인 시스템으로 진화 중이다. 대중성보다는 자유롭고 깊이 있는 아티스트들을 선보일 JYP 산하 레이블 스튜디오 J에는 지소울, 데이식스 등이 소속되어 있다. 박진영의 곡이 아닌 외부 작곡가의 곡이 앨범 타이틀곡이 되고, 30명에 이르는 작곡가 군단이 만들어지는 등 박진영 중심 체제였던 JYP가 시스템 중심 체제로 거듭나게 된 것이다. 향후 소속 레이블을 10개 이상 론칭한다는 장기계획을 두고 종합 뮤직 엔터테인먼트로서 지속성을 확보하겠다는 계획이다.

K-POP의 지속적인 성장으로 국내 음악시장을 넘어 세계 글로벌 음악시장을 대비해야 할 시점에서 기획사의 레이블 체제는 결국 윈윈 전략으로 요약할 수 있다. 우선 아티스트는 자신이 하고 싶은 음악적인 색깔을 지키면서도 제작과 홍보 등 이미 구축된 시스템 안에서 음악에만 집중할 수 있고, 기획사는 장르적으로 전문적인 레이블을 통해 아이덴티티를 구축할 수 있다. 더 나아가서는 획일화된 가요계에 큰 자극이 되기도 한다. 기존 가요계가 다루지 않았던 장르의 시장을 넓히는 계기가 되고, 자본으로 인해 지속성을 갖는 것이 힘든 언더그라운드에도 서로 윈윈 효과가 되는 셈이다. 사업의 규모와 조직 구성에 있어서도 경쟁력을 키우는 계기가 될 것이다.

하지만 '부익부 빈익빈'에 대한 우려의 목소리도 들린다. 대형기획사들의 몸집 불리기가 자칫 상대적으로 힘이 약한 중소기획사의 설 자리를 빼앗을 수도 있기 때문이다. 그들의 입장에서 보면, 레이블 체제는 자본의 논리에 따라 대기업의 배만 불릴 수 있는 기형적인 구조로 전락할 수도 있다. 질 높은 콘텐츠를 생산해낸 중소제작사나

기획사가 대형기획사로 흡수되는 현상이 지속되면 중소기획사의 제작 의지가 줄어들 뿐만 아니라 대형기획사가 모든 것을 장악하게 되는 형태로 음반시장이 고착화될 것이라는 의견이다. 대형기획사들이 산하 레이블 체제로 언더그라운드의 레이블을 영입하면서 언더그라운드에서만 가능했던 표현이나 인디 신에서 형성된 특유의 분위기가 위축되는 면이 있을 것이다. 오버와 인디 신의 영리한 공생을 고려해 체제를 구축해야 하는 이유다.

스타쉽, 아이돌의 아티스트화 아티스트의 아이돌화

레이블 체제를 구축해 가장 큰 성과를 보여준 스타쉽은 '아이돌의 아티스트화, 아티스트의 아이돌화'를 강조했다.

스타쉽의 서현주 이사의 설명이다.

"음악시장이 다변화되고 장르적으로 심도 있게 발전됨에 따라, 전문적인 레이블의 필요성에 대해 공감대가 형성되는 것 같다. 이로 인해 '아이돌 같은 아티스트, 아티스트 같은 아이돌'을 만든다는 기본 전략을 수행하기 위해 맞물려 돌아가는 톱니바퀴가 산하 레이블인 것 같다. 스타쉽과 스타쉽엑스는 마치 '음과 양'처럼 성격상으로 매우 다른 레이블이긴 하지만, 부족한 부분을 보완해서 아티스트를 한 단계 더 성장시킬 수 있도록 상호작용하고 있다. 스타쉽엑스는 다년간에 걸친 영입으로 완성된 아티스트 라인업과 두 레이블 간에 상호

스타쉽 플래닛 소속 아티스트들 _ 스타쉽엔터테인먼트 제공

시너지를 이끌어내는 공조체제가 잘 구축된 점이 강점이다."

엔터테인먼트 레이블 체제의 목표는 음악적으로 자율성을 보장하고 시장지배력을 강화하는 데 있다. 이미 미국, 일본 등 해외에서는 성공한 모델로 자리 잡은 만큼, 사례를 기반으로 기획사들 모두 먼 미래를 두고 장기적 시스템을 구축해가는 모양새다. K-POP의 경쟁력은 다양한 장르 음악이 고루 발전할 수 있는 균형 잡힌 시스템에 있는 것이다.

I n t e r v i e w

"2016년은 SM에 아주 중요한 해가 될 것이다"

SM엔터테인먼트 음악 제작을 총괄하는 **이성수 프로듀싱본부장**

SM은 2015년에 창립 20주년을 맞았다. 여기 소속된 모든 가수의 음악 제작 중 80퍼센트를 총괄하는 사람이 이성수 프로듀싱 본부장(36)이다. 그는 최근 SM 서울 청담동 사옥 2층에 프로듀싱 종합상황실을 차렸다. 이곳의 네 개 벽면 중 한쪽 면은 비어 있고, 그 반대편에는 음악과 영상 모니터를 위한 대형 TV와 오디오 시스템이 있다. 마주본 다른 두 개의 벽은 블라인드로 가려져 있다. 블라인드를 내리자 화이트보드 여러 개를 벽면 가득 이어붙인 공간이 나타났다. 그 안에는 2016년 SM이 론칭할 다국적 남성 아이돌그룹의 개념도가 있었다.

"2016년은 SM에 아주 중요한 해가 될 겁니다."

2016년 EDM(일렉트로닉 댄스 음악)과 힙합 전문 산하 레이블을 론칭하고, 엑소 같은 콘셉트의 다국적 대형 아이돌그룹 하나를 추가로 데뷔시킬 계획이라고 한다. 그는 10월 네덜란드에서 열린 '암스테르담 댄스 이벤트'에 다녀왔다. 콘퍼런스와 DJ쇼(데이비드 게타, 알레소 등 출연)가 결합된 현재 세계 최대의 EDM 집결 행사다.

일인당 국민소득이 2~3만 달러에 접어들면 대중은 음악에서 가사를 더 중요시하게 된다. 최근의 힙합 붐도 이와 무관하지 않다는 이야기다. 발라드에 더 주력해야 하는 이유도 이것이라고 한다.

▨ SM이 EDM에 관심을 기울이는 이유는 뭔가?

EDM은 최근 3년 사이 전 세계에서 가장 유명한 음악이 됐다. 기존의 팝을 리믹스해서 EDM 셋을 만드는 일도 흔하다. 우리 입장에서 보면 기존에 있는 곡을 한 번 더 소화할 수 있는, 멀티플의 역할까지도 가능한 거다. EDM을 놓칠 수가 없다. 또 아시아에 이렇다 할 DJ들이 없다. 그래서 산하에 EDM 레이블을 만들려 한다. 전 세계의 좋은 DJ들과 아시아를 잇고 싶다. 우린 드림메이커란 공연 회사를 가지고 있다. 여기서 울트라나 글로벌개더링 같은 페스티벌, 좀 더 아시아적인 아이덴티티가 있는 페스티벌을 만들겠다는 청사진도 가지고 있다.

이번에 암스테르담 댄스 이벤트에 갔을 때도 리퓬뮤직Refune Music이라는 곳과 미팅했다. 세계 3대 EDM 레이블 중 하나다. 스웨디시 하우스 마피아, 알레소가 소속되어 있다. 우린 EDM 쪽에서 받은 영향을 갖고 음악을 만들고 서로 다른 음악을 섞을 수도 있다. 우리가 올해 낸 샤이니의 'View'나 f(x)의 '4 Walls'는 딥 하우스란 장르에 팝을 얹은 거다. 그리고 힙합 서브 레이블도 만들 예정이다.

■ 힙합에는 왜 관심을 두는가?

비슷한 이유다. 요즘 사람들이 힙합을 많이 들으니까 우리도 무시할 수 없다. 우리 음악에도 지속적으로 랩이 나왔지만 솔직히 좋지는 않았다는 걸 인정한다. 그래서 2~3년 전부터 방향을 많이 바꾸기 시작했다. 요즘은 랩에도 디렉션을 정확히 주고 가사에도 신경을 많이 쓰고 있다.

■ 올해 엑소부터 태연까지 많은 성공작을 냈다. SM의 2014년과 2015년을 어떻게 평가하나.

2014년은 우리도 정체성에 혼란을 겪은 해인 것 같다. 우리가 하던 음악이 있는데 대중이 원하는 건 여기에 가 있고……. 이 간극을 좁히는 게 쉽지 않았다. 우리가 만들어온 이미지를 한 번에 바꿀 수는 없을 거다. 서서히 바꾸는 시도를 작년 말부터 하고 있다. 작년에 '에스엠 더 발라드'를 냈는데 솔직히 얘기하면 그렇게 성공하지 못했다. 올해 들어 종현의 앨범에서도 상당히 다른 시도를 해봤다. 슈퍼주니어의 'Devil'도 그전과는 완전히 다르게 가봤다. 동방신기의

'Rise as God'에서도 창민이 EDM 곡을 불렀다. 샤이니 역시 딥 하우스란 장르를 보여줬고, f(x)도 그렇다.

■ 중국 시장에서 앞으로 어떤 비즈니스 모델로 돈을 벌 생각인가?

'매니지먼트', 즉 각종 행사와 방송 출연, 콘서트 수익이 주가 될 것이다. 중국에 돈 쓸 준비가 돼 있는 사람이 1억~3억 명쯤은 된다고 본다. 우리는 아직 중국을 제대로 공략한 적이 없다. 엑소의 현지화에는 한계가 있었다. 그들은 엑소는 좋아하지만 엑소의 노래는 안 좋아한다. 2016년에 내놓을 팀은 음악과 콘텐츠 제작 단계부터 현지화에 상당히 초점을 맞췄다.

■ 올해 SM 코엑스 아티움도 오픈했다.

공간을 5년 장기 임대했다. MD숍, 카페, SM스튜디오, 홀로그램 시어터를 뒀다. 시어터는 애초에 홀로그램 상영도 가능하고 소극장처럼 연극이나 공연도 할 수 있게 설계했다. '디 아지트'라는 공연 브랜드도 만들었고, 종현과 태연이 차례로 공연했다. 규현도 할 거다. SM 루키즈도 하고 있다. 객석 수가 작으니 많은 수익을 가져다주지는 않겠지만 팬에게는 아티스트를 좀 더 가까이서 볼 수 있는 기회를 제공하고, 우리는 아티스트형 가수를 키운다는 전략에 맞는 공간이다. SM루키즈는 거기서 공연하면서 데뷔 전에 좋은 기회를 갖고 있다고 생각한다.

■ 2015년 K-POP 키워드는 뭘까.

굉장한 힙합의 대중화다. 우리 판단으로는 소득수준이 높아지면 점점 가사를 듣기 시작하는 것으로 보인다. 힙합은 하다못해 '나 돈 많아, 잘 나가'라고 말해도 인생과 결부시켜 매우 리얼한 드라마를 만들어낸다. 지난해 '썸'의 히트도 대중이 가사에 공감해서라고 생각한다. 요즘은 인터넷과 스마트폰으로 자기 얘기를 편히 할 수 있는 시대다. 가사의 중요성이 날로 커질 거고 그게 힙합의 성질과도 잘 맞아떨어진다. 그래서 우리도 가사에 더 신경 쓰려고 한다.

■ 가사가 중요해진다고 해도 SM의 주 타깃이 10~20대 초반인 만큼 주제 선정에 한계가 있을 수밖에 없을 것 같다. 가사가 유치하다는 평도 있다. 생각해둔 다른 방향이 있나.

우리의 전제는 어머니와 딸이 같이 즐길 수 있으면 좋겠다는 거다. 엑소를 좋아하는 딸을 둔 H.O.T. 팬 엄마가 생겨났다. 엄마는 딸을 통해 엑소를 접한 뒤 같이 좋아하게 된다.

이런 상황에서 많은 게 제한되거나 제안된다. 술, 담배, 마약, 섹스는 제한될 거다. 제안되는 것들은 교육적인 거다. 그들에게 꿈을 주거나 세태를 바라보는 제대로 된 시각을 던져주는 것이다. 우리도 영리기업이니 중립적 태도를 지키지만 그러면서도 할 얘기는 해왔다. H.O.T.는 학교 폭력('전사의 후예'), 경기도 이천 어린이집 화재 사건 ('아이야')도 다뤘다. 슈퍼주니어의 '돈돈'도 있었다. 엑소의 '마마'는 디지털 세상을 비판했다. 지난해 f(x)의 'Red Light'도 세월호를 정면 비판한 거였다.

■ 해마다 인기 가요 100곡씩을 조사한다고 들었다.

차트 분석을 한다. 2014년과 2015년에는 이별 노래보다 사랑 노래가 더 히트를 쳤다. 경제가 어렵고 사람들이 힘들면 처지는 이별 노래보다 밝은 노래를 찾는 것 같다. 독백체가 많은 해, 대화체가 더 많은 해가 있다. 어조나 문체도 우리의 분석 대상이다.

■ 내년에 새로 나올 그룹은 '제2의 엑소'로 이해하면 되나?

다국적 남성 댄스 아이돌이긴 하다. 그런데 팀이 하나가 아니라 멀티다. 여러 팀이 나올 것이라는 얘기다. 우리가 가장 잘 해온 쪽이다. H.O.T., 동방신기, 슈퍼주니어, 샤이니, 엑소……. 5년 안에 히트 하나씩을 냈는데, 그런 히트를 할 수 있는 프로젝트다. 우리가 제일 잘하는 노하우를 집적한 것이다. 엑소를 하면서 배운 게 있다. 콘텐츠 기획부터 매니지먼트까지 보완할 것이다. 엑소가 중국 관련 문제가 있었지 않나. '이렇게 됐으니 중국은 접자'가 아니고, 어떻게 하면 그런 일이 안 일어날 수 있는지에 대해 연구한다. 시대에 더 맞춰진, 우리가 추구하는 방향성에 맞춰진 콘텐츠로 기획했다.

▨ 프로듀싱에 있어 이수만 회장은 어느 정도 관여하나?

그는 어마어마한 부분에 손을 대고 있다. 가장 중요한 부분은 그에게서 다 컨펌을 받아야 한다. 그가 있는 SM과 없는 SM은 100만 배 차이가 난다고 생각한다.

▨ 이 회장이 음표나 글자 토씨 하나까지 바꿀 때도 있나?

그렇다. 2012년 소녀시대 태티서 데뷔 앨범 타이틀곡 작업을 할 때 내가 그와 나눈 이메일의 한 대목을 소개하겠다. 30페이지 분량의 이메일이 오갔다. 여기 보면, 그가 '둘 중 기타 리프가 재미있는 버전 2가 나은 것 같으니 그걸 잘 발전시켜 보자'라고 말한 게 있다. 가사도 원래는 '눈에 잘 띄잖아'였는데 그가 '눈에 확 띄잖아'를 제안해 바꿨다. 여길 보면 이것도 그의 제안이다. '버전 4에 이 부분을 리프로 카피 앤드 페이스트 해넣자' 'Susie Q처럼 다음에 오블리가토가 반드시 나와야 한다' 등 그의 제안과 지시는 굉장히 디테일하다. 귀가 너무 좋아 엔지니어가 못 듣는 것까지 포착한다. 실무자들은 미치는 거다.

■ 산하 레이블인 울림엔터테인먼트와는 음악 제작 관련 교류가 없나?

없다. 독립되어 있다. 상부상조는 한다. 나도 인피니트가 어떤 곡
으로 컴백한지를 유튜브를 보고서야 알았다.

■ SM은 영리기업이며 10~20대를 주 소비층으로 뒀다. 후크 송을 반복하거
나 싱글에 의존하는 쉬운 길 대신, 특이한 타이틀곡을 만들거나 앨범 수록
곡들까지 공을 들이는 방식을 택한 이유는 뭔가.

우린 모두 음악에 미쳐서 여기 들어온 사람들이다. 결과물에 욕심
을 부리는 건 당연하다. 장기적으로 보면 그 편이 영리적으로도 훨씬
더 도움이 된다. 아무리 대단한 안무와 패션, 예쁘고 잘생긴 가수가
있어도 음악이란 주춧돌이 없다면 아무것도 아니다. 좋은 음악, 차별
화된 음악으로 가수의 팬덤, 기획사의 팬덤을 구축하는 것만한 자산
은 없다. 우리의 목표는 좋은 팝을 만드는 것이다. 우리의 스탠더드
는 세계 팝이다. 세계의 작곡가와 머리를 맞대는 것도 그래서 당연한
일이다.

I n t e r v i e w

"웬만해선 멈추지 않는다"
국내 방송가요 안무의 산증인, **정진석 안무가**

안무 단체 '나나스쿨'은 국내 방송·가요 안무의 산증인이다. 그의 스튜디오인 나나스쿨은 서울 마포구 성산동에 있다. 11월에 이전해 문을 연 이 공간은 건물 6층에 자리해 삼면의 통유리를 통해 채광과 시야가 충분히 확보된 쾌적한 곳이다.

정 단장은 소녀시대의 'Gee', 이효리의 '유 고 걸'의 안무를 만든 사람이다. 우리가 기억하는 핑클의 거의 모든 춤부터 시작해 젝스키스, 코요태, 동방신기, 빅스에 이르기까지 수많은 K-POP 댄스가 그의 몸과 머리에서 나왔다. 스무 살 때부터 가요계에 몸담은 그의 춤은 웬만해서는 멈추지 않는다. 오른쪽 눈 실명과 희귀암 투병으로 인한 2년의 공백기를 빼고는……. 서울예술종합실용학교 교수인 그는 여전히 무대에 직접 오른다. 최근에도 전진의 중국 베이징 공연 무대에 서고 돌아왔다.

■ 안무의 관점에서 K-POP의 2014년, 2015년 트렌드는 뭐였다고 보나?

2014년에는 콘셉트를 내세운 아이돌이 많았다. 좀비, 드라큘라 같은 다크한 콘셉트가 특히 많았다. '이거다'라고 긴 설명을 안 해도 무대만 봐도 알 수 있는 콘셉트로 차별화하려는 시도다. 2015년에는 이런 트렌드가 좀 줄었다. 멤버 수가 많은 그룹이 늘다 보니 트렌드가 덜 뚜렷해진 것 같다.

장르로 치자면 '어번Urban 댄스'가 여전히 대세다. 개척자는 미국의 방송 안무가들이다. 재닛 잭슨, 저스틴 팀버레이크로 인해 형성된 안무의 틀이 근 10년간 주류로 자리 잡았다. 2013년부터 미국에서 '어번 댄스 캠프'가 열리면서 어번 댄스는 장르 이름처럼 굳어졌다. SM, YG의 외국 안무가들도 어번 쪽이 많다. 1990년대 재즈 댄스에서 2000년대 초반 힙합을 거쳐 지금은 어번의 시대다. 쉽게 얘기하면 엑소의 '으르렁', B1A4의 'Sweet Girl'을 포함해 현재 활동하는 거의 모든 아이돌의 댄스는 어번이라고 보면 된다.

YG는 어번에서도 가장 선두에 있다. 해외 현지에서는 덜 유명하지만 국내 안무가나 댄서들이 좋아하는 안무가들을 불러 빅뱅의 태양처럼 춤 좋아하는 가수들의 무대를 꾸민다. 레슨부터 안무 제작까지 통으로 그들에게 맡기는데, 호주 여성 안무가 패리스 고블(빅뱅, 태양, CL 등)이 대표적이다. 복잡하다기보다 바운스나 그루브 위주의 안무다.

SM 쪽에서 많이 활용한 미국의 토니 테스타는 연출이 뛰어난 안무가로, 대표적인 어번 안무가이기도 하다.

■ 2016년의 K-POP 안무 트렌드를 예측해본다면?

어번의 강세가 몇 년은 더 이어질 듯하다. K-POP 내에서 장르가 다양해지면서 안무도 다양한 걸 수용해야 하는 입장이다. 작년부터 힙합이 주류로 들어오면서 스트리트 댄스를 하던 이들이 방송 안무계로 많이 진입하기도 했다. 복고의 부상도 느껴진다.

예전에는 힙합 음악인들은 방송 활동을 안 하는 게 보통이었는데 지금은 그렇지 않다. 〈언프리티랩스타〉 출신의 제시가 그 예다. 패션에서도 팀벌랜드 부츠, 토미 힐피거, 폴로 스포츠처럼 1990~2000년대 초반 유행한 아이템이 다시 활용되고 있다. EDM이나 덥스텝 쪽 춤도 유입된다. 하지만 결국 아이돌이 힙합이나 EDM을 하지 않는 이상 그게 주류가 되긴 힘들 거다.

■ 나나스쿨은 댄스 가요의 역사와 함께 했다. 언제 창립됐나.

1998년도다. 김건모, 신승훈, 노이즈처럼 김창환 프로듀서가 주도한 라인기획 가수들이 유행할 때 강원래 씨와 함께 있던 안무 팀이 나나스쿨을 만들었다. 우린 기획부터 구성, 제작과 실행까지 다같이 작업하는 '크루' 형태가 특징이다.

▥ 언제부터 안무가의 길을 걸었나.

춤은 학창시절부터 췄다. 대학 방송연예과에 입학했지만 춤추고 싶어 학교를 관두고 1998년 나나스쿨에 팀장으로 들어왔다. 이른바 안무가로서의 입봉은 핑클의 '내 남자친구에게'다. '루비' '영원한 사랑' 이후 핑클의 모든 타이틀곡 안무를 짰다. 젝스키스, 코요테, 샵, 김건모의 안무도 초기 경력이다. 아내도 안무가다. 이효리의 '텐 미니츠' 안무를 담당한 배상미 한국방송댄스협회장이다.

▥ 정 단장은 남자인데 여성그룹 안무를 많이 한 것 같다.

활동 초기부터 여성그룹을 많이 맡았다. 젝스키스도 있었지만 클레오, 베이비복스, 슈가, 천상지희 등 그때는 안무 제작비를 따로 받지 않았다. 그저 차비나 용돈 개념이었다. 나를 비롯한 안무가들도 '춤이 먼저, 돈은 나중'이란 개념이 앞섰다.

▥ 경력 초기에 비해 현재 안무가에 대한 인식이나 대우는 많이 달라졌나.

좋아졌지만 지금도 화려한 외양에 비하면 돈 벌기 좋은 직업은 아니다. 특히 안무 제작을 하지 않고 무대에만 서는 친구들은 회당 출연비가 적어서 생활 유지가 쉽지 않다. 빨리 안무 제작과 레슨을 시작해야 수익을 얻을 수 있다. 작년에 한국방송댄스협회도 설립되고 한국콘텐츠진흥원의 대중문화 예술상에 안무가 부문도 생겼다. K-POP이 해외로 수출되는 데 안무가도 영향을 끼치고 있다는 걸 국가에서도 인정해주고 있다. 예전에는 단체도 없고 서로 경쟁도 심했다. 올해는 안무가저작권협회가 생겨 사단법인으로 인정받았다.

■ 안무 제작비는 노래 한 곡당 얼마쯤 되나.

대개 500만 원선인 걸로 안다. 활동 초기에 200~300만 원이었던 걸 생각하면 크게 오른 것 같지는 않다. 특히 방송 출연료는 인상폭이 더 낮다. 회당 7~10만 원 수준이다. TV 출연을 일주일 내내 해도 월수입이 얼마 안 되다 보니 이쪽에 뛰어드는 친구가 많지 않다.

■ 가요 기획사가 안무가와 협업하는 방식에는 얼마나 변화가 있었나.

거의 변화가 없다. 기획사마다 작업 방식이 다르다. SM처럼 모든 콘셉트가 정해진 상태에서 합류하는 경우도 있고, 기획 단계부터 안무가의 회의 참석을 원하는 회사도 있다.

■ 유튜브 시대는 안무가들에게 어떤 영향을 미치나.

장점이 더 많다고 본다. 무엇보다 세계의 안무 트렌드를 읽기 쉽다. 특히 새로 시작하는 친구들에게는 멋지고 좋은 안무가를 언제든지 보고 영향을 받을 수 있으니 좋을 거다.

2000년대 초반만 해도 이쪽에는 카피가 많았다. 카피를 안 하는 사람이 뒤처져 보일 정도였다. 외국 안무는 먼저 줍는 사람이 임자라는 인식까지 있었다. 10년 전부터 상황이 전혀 달라졌다. 인터넷과 유튜브의 발달로 모든 정보가 공유되는 상황이다. 외국의 덜 알려진 안무가의 춤을 베꼈다가 유튜브를 통해 문제가 돼 안무가가 망신을 당한 경우도 있다.

■ 안무계에도 표절이 여전히 존재하나.

이른바 선수들끼리는 다 안다. 하지만 뭐라고 하기에는 그래서 쉬쉬 하고 넘어가는 경우도 가끔 있다.

■ 국내 안무가들의 중국, 일본 시장 진출 현황은 어떤가.

일본 진출은 많지 않다. 그쪽에서 안무 제작 의뢰가 들어오는 경우도 별로 없다. 일본은 예전부터 한국보다 안무 트렌드가 빨랐다. K-POP 안무를 가르치는 학원 쪽으로 일부 진출이 이뤄진 정도다.

중국이나 동남아는 사정이 다르다. 제작 의뢰가 적지 않게 들어온다. 특히 중국 진출은 많이 이뤄지고 있다. 중국 현지 기획사에서 아이돌그룹을 기획할 때 한국식으로 했으면 좋겠다고 해서 보컬 트레이너, 안무가, 스타일리스트를 모두 한국인으로 팀을 짜는 경우도 많다.

■ 중국에서 국내 안무가들에게 제작 의뢰가 들어오기 시작한 건 언제부턴가.

5년쯤 전부터다.

■ 중국 의뢰는 점점 느는 추세인가.

의뢰는 많은데 프로젝트가 성사되는 경우는 많지 않은 것 같다. 현지 기획사가 아이돌그룹을 기획했다가 투자를 못 받아 유야무야되는 일도 잦다. 국내 안무가 입장에서는 성사만 되면 안무를 구성해 영상에 담아 전송만 하면 보수를 받으니 편하긴 하다. 직접 가서 체류하면서 안무 지도까지 하려면 시간적·경제적 부담이 크다. 안무를 보내주면 현지 기획사에서 원하는 부분만 잘라 사용하는 경우가 많다. 그대로 가져다 쓰기에는 한국과 풍토가 안 맞는 부분도 있으니까.

중국 기업의 자본력이 막강하다 보니 요즘은 한국 안무가에게 영향을 준 미국 안무가를 아예 직접 데려다 쓰기도 한다.

■ 국내 안무가들 사이에서 중국 시장이 열리는 데 대한 기대감은 어느 정도 인가.

한국 시장을 포기하고 넘어가기에는 아직 어렵다. 중국 기획사들은 대개 한국 안무가들이 현지에 체류하기를 원하는데, 그러려면 한국 시장을 포기하고 가야 한다. 중국에 가보면 현지에서 레슨을 하거나 학원을 하는 한국 안무가들이 많은데 한국 활동이 적은 사람들 중심이다. 중국 자본의 투자를 받아 현지에 현지인 대상 안무 학원을 개설하자거나 나나스쿨 차이나를 만들자는 제안도 있었다. 그쪽에서 적극적인 러브콜을 보내면 마다하지는 않겠지만, 아직 그쪽에 믿을 만한 시장이 형성돼 있지는 않다고 본다.

■ K-POP 안무가들에 대한 수요가 중국 다음으로 많은 나라는 어딘가.

싱가포르, 인도네시아, 대만에서 의뢰가 들어온다. 필리핀이나 태국은 최근 들어 한류가 많이 줄었다. 거품이 많이 빠진 시기다.

■ 해외 현장에서 본 최근 K-POP 동향은 어떤가.

한류 시장이 축소되는 느낌을 받는다. 아이돌 포화 상태다. 비슷한 K-POP 콘텐츠가 너무 많다. 안무가 입장에서 보면 의뢰 양이 많아지니 좋긴 한데 대중의 기억에 각인되지 않고 소모돼버리는 춤이 많아져 아쉽다. '트렌드가 뭐냐'고 물으면 답하기 어려운 이유다.

■ K-POP 안무 제작에 있어 해외 팬의 취향도 반영이 되나.

기획사 입장에서는 생각할 수 있어도 안무가 입장에서 거기까지 계산하기는 힘들다. 내 경우 90퍼센트는 음악에서 받는 느낌을 기반으로 작업한다.

■ 안무의 트렌드를 끌고 가는 나라는 여전히 미국인가.

그렇다. 춤에 있어서는 여전히 가장 빠르고 트렌디한 곳이다. 스트리트 댄스의 경우에는 기술 좋은 사람들이 전 세계에 퍼져 있지만, 어번 댄스나 방송 안무는 여전히 미국의 영향이 크다. 한국이 자기 스타일을 많이 만들기는 했지만 여전히 미국의 영향권 안에 있다.

■ EDM이나 힙합이 주류 가요로 올라오는 흐름이 향후 안무 제작 경향에도 큰 영향을 미칠까.

EDM의 영향은 근년 들어 조금씩 받는다고 생각한다. 하지만 EDM 계열의 춤은 자기가 즐길 때는 재밌는데 보여주는 퍼포먼스로는 표현하기 좋은 장르가 아니다. 아이돌그룹은 보여주는 부분이 크니 괴리가 있다. 즐길 수 있는 음악과 팬덤을 만드는 음악의 차이가 커진 것 같다.

■ 앞으로 K-POP 안무에 대한 저작권 개념, 저작권료 징수 가능성은 늘어날까?

무용은 장르 특성상 힘든 부분이 있다. 음악은 악보가 증거로 남는데 안무는 동작이 서면으로 남지 않으니까. 방송댄스 시장은 대단히 크다. 웬만한 무용학원에는 방송댄스 과목이 개설돼 있다. 그들은 안무가가 공들여 제작한 안무를 맘대로 쓰면서 이득을 챙긴다. 안무가 입장에서는 유명한 작업을 한다고 해서 수익을 많이 얻을 수 있는 상황이 아니다. 단체가 생기고 목소리를 내기 시작했지만 시간이 걸릴 것 같다.

해외의 경우, 예를 들면 재닛 잭슨이 5년 간격으로 앨범을 내도 담당 안무가는 큰 수익을 얻는 걸로 안다. 우리나라는 작업량에 비해 수익이 적은 편이다. 금방 쓰고 버리는 수익구조이기 때문이다. 국가가 인정하는 순수무용의 경우에는 역사 정리가 잘 되어 있다. 하지만 K-POP 안무는 트렌드에 맞춰 계속 바뀌는 장르이다 보니 그 부분이 어렵다. 앞으로 서적을 통해 역사 정리가 되어야 할 것이다.

Interview

"우리 아티스트는
우리가 가장 잘 안다"

SNS 자체제작 콘텐츠 전문가, JYP엔터테인먼트 기획마케팅팀 **김리원 대리**

바야흐로 기획사들의 자체 콘텐츠 제작 전성시대다. '우리 가수는 우리가 가장 잘 안다'는 신념 아래 만들어진 금기 없는 콘텐츠들이 아이돌 음악 팬들을 사로잡고 있다. 1~2분에 불과한 조각 영상에서 웬만한 리얼리티 프로그램에 버금가는 큰 스케일의 기획까지. JYP의 김리원 대리는 답답한 TV 브라운관을 벗어나 새 시대의 플랫폼들을 만나며 팽창 중인 자체제작 콘텐츠 시장의 최전선에 있는 사람이다. JYP의 김리원 대리는 SNS와 모바일로 날개를 단 자체 콘텐츠 제작 붐, 이 바람은 아이돌 콘텐츠 시장의 미래를 제시할 수 있을까.

■ 간단한 자기소개와 지금 JYP 안에서 어떤 일을 하고 있는지에 대해 소개 부탁한다.

JYP엔터테인먼트 마케팅팀에서 근무하는 김리원이다. 마케팅팀에서 마케팅 프로모션 콘텐츠를 기획하고, 제작하고, 노출하고, 프로모션하는 일을 주로 하고 있다.

■ JYP는 보유 아티스트 숫자가 꽤 많은 편이다. 그 가운데 가장 중점적으로 자체제작 콘텐츠를 제작하고 있는 팀은 누구인가.

아무래도 GOT7과 트와이스가 아닐까 싶다. 인터넷을 통해 콘텐츠를 공개한다는 것 자체가 인터넷을 주로 사용하는 젊은층을 타깃으로 한다는 뜻이다. 그러다 보니 자연스럽게 그들에게 인기가 많은 GOT7이나 트와이스에 무게가 실리고 있다. 트와이스는 이제 시작단계지만 GOT7은 실제로 회사 안에서도 인터넷 리얼리티나 인터넷 전용 콘텐츠를 가장 많이 만든 그룹이다. 앞으로도 이 기조는 계속 이어질 것 같다.

■ GOT7의 대표적인 자체제작 콘텐츠라면 역시 〈Real GOT7〉이 아닐까 싶다.

그렇다. 사실 〈Real GOT7〉은 2PM의 〈Real 2PM〉 〈Real WG〉의 뒤를 이어 탄생한 프로그램이다. 2PM 데뷔 초기부터 있었던 콘텐츠인데, 당시에는 광고 촬영 메이킹 영상이나 해외공연 대기실, 이런 것들을 2주 간격으로 찍어 올렸다. 2~3분짜리 영상이 오늘 내일 할 것 없이 그때 그때 업로드 되는 형식이었다. 이걸 GOT7이 데뷔하면서부터 〈Real GOT7〉〈Real 2PM〉으로 공식화하고 두 가지 모두 좀 더 정식 콘텐츠화된, 정기적으로 업데이트되는 방식으로 바꾸게 되었다. 2PM은 현재 한 달에 한 번씩 정기적으로 별도 시즌 없이 쭉 업데이트하고 있고, GOT7은 시즌제로 현재 시즌 3까지 진행됐다.

■ 해당 영상들은 보통 어떤 채널들을 통해 공개되나. 유튜브 공식 채널이 메인인가.

사실 〈Real GOT7〉을 처음 기획했을 때에는 유튜브 공개가 가장 큰 목적이었다. 그런데 우연히 콘텐츠 공개시기와 대형 포털의 스타 특화 채널 오픈 시기가 겹치면서 자연스레 함께 시작하게 되었다. 우리야 신인이고, 포털 메인에 공개되고 대중에게 많이 노출될수록 좋은 거니까 망설일 여지가 없었다. 이후에는 대형 포털을 메인으로 공개하고, 유튜브는 다국어 번역 작업을 거쳐서 2, 3일 정도 후에 업로드를 진행하는 방식으로 유지 중이다. 조회수는 유튜브가 훨씬 높다. GOT7이 해외 팬 숫자가 많기도 하고, 국내 팬들 경우에도 광고를 넘길 수 없는 걸 불편해하는 사람들이 많더라.

■ 〈Real GOT7〉도 그렇지만, 개인적으로는 '갓툰GOTTOON' 같은 웹툰 콘텐츠가 독특하게 다가왔다. 카툰이나 일러스트는 보통 굿즈(MD상품)로만 소화하는 경우가 많은데.

갓툰 자체는 엄밀히 말하자면 굿즈 판매를 목적으로 한 게 맞다. 그래서 갓툰의 기획 및 운영은 굿즈를 담당하는 팀이 메인이다. 하지만 우리가 한 번 더 생각한 건, 콘텐츠를 구매할 대상에게 불쑥 '이게 너희 오빠들이야' 하고 들이밀었을 때 생길 수 있는 거부감이었다. 그 부담감을 없애고 캐릭터와 가수에 동일한 감각을 부여하는 게 중요하다고 생각했고, 그것을 팬들이 애착을 가질 수 있는 에피소드를 포함한 웹툰 형식으로 소화해보자는 결론에 닿았다.

실제로 갓툰을 공개할 때 앨범 티저처럼 한 명씩 공개를 했는데, 처음에는 이게 뭐냐는 낯선 반응이 주였다가 매 주마다 하나씩 연재가 늘어나고 스토리가 더해지면서 팬들이 애착을 가지고 애정을 표현하기 시작하더라. 캐릭터에도 일부러 에피소드 당시의 의상을 똑같이 입히는 식으로 좀 더 '이게 진짜 실화구나' 하는 느낌을 더하려고 노력했다. 그리고 실제로 그렇게 몇 번 노출하고 나니 팬들도 자연스럽게 '굿즈 언제 나오냐' '빨리 사고 싶다'는 반응을 보이더라.

■ 실제 판매에 도움이 된 편인가 보다.

그렇다. 어차피 요즘 아이돌 팬들은 사진이 직접 프린트된 무언가를 들고 다니려고 하지 않는다. 그렇다고 사진을 아주 빼자니 아무

의미가 없고. 반면 캐릭터는 아는 사람만 안다는 장점이 있어서 요즘 팬들에게 꽤 어필하는 면이 있는 것 같다. 사실 만드는 입장에서도 캐릭터를 활용하는 편이 다양한 아이디어를 전개할 수 있어서 재미 있다. 아티스트별로 사진 찍고 보정해서 만들어내는 제품은 한계가 있을 수밖에 없다.

▓ 자체 콘텐츠의 경우 어떤 방식으로 홍보를 하거나 화제를 모으는지가 궁금 한 사람들도 많으리라 생각한다. 대표적인 루트는 역시 SNS가 아닐까 싶 은데, 어떻게 관리하고 있나.

SNS라는 게 어쨌든 기본적으로 팔로우 수가 높으면 도달률이 높 다는 뜻이기 때문에, 팔로우 수를 높이는 데 집중하고 있는 편이다. 콘텐츠와 상관없이 트위터나 페이스북을 통한 자체 이벤트도 자주 하는 편이고.

▓ 가장 반응이 좋았던 이벤트나 홍보방식에는 어떤 것들이 있었나.

트위터나 페이스북 같은 경우에는 팬들의 질문에 멤버들이 직접 실시간으로 답해주는 'Q&A 이벤트'가 가장 반응이 좋은 편이다. 최 근에는 SNS 전용 콘텐츠에도 도전하고 있다. GOT7의 경우 올해 '니 가 하면' 활동을 하면서 'GOT2DAY'라는 새 콘텐츠를 하나 런칭했 다. 페이스북 전용 콘텐츠인데, 멤버가 7명이니 2명씩 짝지어서 21

개 조합을 만드는 거다.

그리고 2명씩 한 방에 집어넣고 아무런 설정 없이 10분 동안 이야기를 나누게 만드는 콘셉트이다. 카메라만 두고 스텝들도 다 나간다. 멤버들이 참 잘 해줬다. 처음엔 좀 어색해했지만, 한 번 말문이 터지니까 서로 처음 만났을 때 얘기는 기본에 "너랑 나랑 그때 싸워가지고 내가 에어컨 부쉈었지!" "너 연습생 때 나한테 울면서 전화했었잖아" 이런 진솔한 얘기들을 막 쏟아내더라. 그룹 안의 여러 조합의 관계성을 즐길 수 있는 콘텐츠여서 팬들은 물론이고 일반적인 대중 커뮤니티나 여자들이 많이 모이는 커뮤니티들에서도 반응이 꽤 좋은 편이었다. 타 그룹 팬덤에서 '우리도 저런 거 했으면 좋겠다' 이런 반응이 나올 때 뿌듯했다.

■ **아무래도 요즘 대세는 페이스북인가.**

딱히 그렇지도 않다. 사실 페이스북은 국내 팬들이 가장 피하고 싶어하는 매체다. 아시다시피 '일반인 코스프레'를 해야 하니까(웃음). 실명이기도 하고, '좋아요'도 막 누를 수 없고. JYP 아티스트들 같은 경우에는 해외 팬이 많은 편이라 '좋아요' 숫자가 적지는 않지만, 숫자에 비해 돌아오는 피드백이 상대적으로 적다. 댓글도 거의 해외 팬들 위주고. 국내 팬들 반응 보기에는 트위터만한 매체가 없다. 트위터는 팬들이 대부분 계정을 따로 가지고 있어서 팬 반응이나 여론이 궁금할 때는 트위터를 주로 모니터링한다. 다만 트위터는 글자수나 용량제한이 있어서 콘텐츠 자체를 업로드할 때는 주로 페이스북을 이용하는 편이다. 최근 각광받고 있는 인스타그램도 눈 여겨 보고 있다. 아직 지켜보고 있는 정도이긴 하지만 회사 공식계정을 통해서 다른 곳에서는 공개된 적 없는 비하인드 콘텐츠를 자주 공개해보려고 한다. 우리로서는 홍보할 수 있는 다른 채널이 하나 더 생기는 셈이니까, 각 매체별로 특성화시키려고 한다.

■ 사실 JYP가 아이돌 리얼리티로 시대의 한 획을 그었던 회사이지 않나. 2PM의 〈떴다 그녀 시즌 3〉나 〈와일드 바니〉는 아직도 인구에 회자되고 있는 전설적인 작품들인데.

그때는 확실히 아이돌 숫자가 많지 않아서 주목받기 쉬웠던 것 같다. 〈와일드 바니〉 방송 당시만 해도 아이돌 팬이 아니더라도, 그냥 살짝 관심만 있는 일반 대중들도 많이 봐줬던 것 같은데 이젠 상황이 완전 달라졌다. 워낙 여기저기에서 아이돌 리얼리티 프로그램을 만들고 있고, 그러다 보니 딱히 팬이 아니면 그런 프로그램을 방송했는지 안 했는지도 모르는 경우가 부지기수다.

또 당시 제작진과 2PM 합이 워낙 좋기도 했던 것 같다. 팬들이 지금도 자주 '〈와일드 바니〉 같은 거 만들어 봐라, 너희 예전에 잘했잖아' 이런 이야기를 하곤 한다. 나도 알지만 그게 말처럼 쉬운 일이 아니다. 나도 누구보다 하고 싶다(웃음). 하지만 그게 말처럼 쉬운 일이 아니다. 아마 모르긴 몰라도 그때 그 PD님, 작가님 전부 다시 모시고 찍어도 그때처럼은 못 만들지 않을까 싶다. 〈와일드 버니〉시절과 지금은 아이돌 신도 그렇고 미디어 시장도 그렇고 그냥 완전 다른 세상이라고 보는 게 맞다.

■ 그렇게 달라진 현실을 설명할 수 있는 대표적인 요소라면 무엇이 있을까.

우선 대형 포털 사이트가 정말 중요해졌다. 아이돌 콘텐츠가 브라운관을 벗어나 인터넷 시장을 중심으로 재편되면서 그 안에서 가장 효율적인 노출 채널을 찾는 게 최우선이 되었다. 포털이 워낙 중요해지다 보니 메인화면에 노출될 수 있는 날을 노려 릴리즈 일정 등을 조정할 때도 있을 정도다. 어차피 공중파 예능 프로그램에 아이돌그룹이 단체로 출연한다는 것 자체가 불가능에 가까운 현실이지 않나. 겨우 애써서 한두 명 단발성으로 출연시키는 것도 쉽지 않은데 고정은 말할 것도 없다. 혹시 정말 운이 좋아서 고정 패널이 된다고 해도 아이돌이 주목받는다는 것 자체가 쉽지 않은 분위기가 됐다. 그렇다고 케이블 예능 리얼리티 자리를 노리자니 그쪽도 어차피 팬덤 전용 콘텐츠로 자리 잡아버린 지 오래고. 이런저런 상황들을 알고 보면 왜 기획사들이 자체제작 콘텐츠에 힘을 쏟고 대형 포털에 그렇게 의존하는지 모를 수가 없다.

■ 듣다 보니 대형 포털이 예전의 공중파 3사 같은 위치에 있는 것처럼 느껴지기도 한다.

그렇다고도 할 수 있다. 더욱이 포털 사이트들이 최근 실시간 콘텐츠 서비스까지 런칭하기 시작면서 그런 인상이 더 강해졌다. 이외에도 기존에는 없었던 새로운 매체들을 계속해서 찾고 업데이트하고 있는데, 최근에는 페이스북 바이럴 마케팅이 가능한 유명 페이지들도 홍보 대상으로 삼고 있다. 그런 쪽에는 보통 우리가 만든 자체 콘텐츠를 업로드해달라고 우리 쪽에서 요청하는 경우가 많고, 요즘 많이 언급되는 콘텐츠 큐레이팅 서비스 매체들의 경우에는 본인들이 직접 기획한 자사 기획 콘텐츠나 연재물에 우리 아티스트를 함께 녹이는 방식을 선호하는 것이 같다. 이런 식으로 계속해서 홍보 채널을 개발하고 확대해나가고 있는 중이다.

■ 하긴 요즘 젊은층의 콘텐츠 접근성을 따져보면 TV보다는 그런 신매체들이 훨씬 더 큰 영향력을 갖겠다.

그렇다. 10대나 20대 팬들은 어차피 무엇을 보든 온라인, 인터넷, 스마트폰으로 찾아보는 시대다. TV와 온라인 구분이 거의 없는 첫 세대라고 할 수 있고, 그렇기 때문에 접근성은 TV가 오히려 떨어지는 셈이다. 시간 맞춰 보기도 힘들고, 어차피 자기가 보고 싶을 때 다운로드를 받거나 다시 보기로 보면 되니까. 그런 면에 있어서는 확실히 시대와 세대가 넘어가고 있는 게 현실이라 콘텐츠 기획도 예전에 비해 온라인에 훨씬 더 초점을 맞추고 있는 건 사실이다. 그래서 그 안에서 지금 가장 대중적으로 오픈된 채널인 각종 포털 사이트나 대형 음원 사이트 같은 곳들이 중요하게 여겨지고 있는 것 같다. 유튜브는 거의 기본 중의 기본 같은 매체이다.

■ **이렇게 변화하는 시장에 맞춰 자체제작 콘텐츠를 개발하면서 가장 중심에 두고 작업하는 모토나 주안점이 있다면 무엇인가.**

자체제작 콘텐츠를 만들다 보면 노출 채널도 채널이고 홍보도 홍보지만, '아티스트의 팬들을 만족시키는 것'이 가장 중요하다는 걸 점점 느끼게 된다. 새로 유입되는 팬들도 생각해야 하고 대중적으로 더 유명해지는 것도 중요하지만, 지금 이 가수를 좋아하는 팬들이 가수를 보면서 더 마음이 깊어지고 애정을 쏟을 수 있게 만들어줄 수 있는 요소들에 집중해야 한다는 생각을 늘 한다. 그래서 모니터링을 더 철저하게 하는 편인지도 모르겠다. 콘텐츠 자체에 대한 분석은 물론이고, 상황 하나하나에 대한 팬들의 반응도 거의 다 체크한다.

그래서 그런지 우리가 만든 콘텐츠에 '이건 팬이 만든 것 같다' '우리 마음을 너무 잘 안다' 이런 댓글이 달리면 그렇게 기분이 좋을 수가 없다. 물론 아무리 세세히 모니터링해도 팬들 모두를 만족시킬 수 없다는 건 너무 잘 알고 있다. 그렇기 때문에 더욱 더, 가능한 한 최선을 다해서 우리 가수의 가장 매력적인 부분을 팬들에게 보여주고 싶다는 욕심이 있다. 하다 못해 〈주간 아이돌〉만 봐도 그렇지 않나.

그분들은 매주 다른 아이돌을 다루는데도 가끔 팬들도 깜짝 놀랄 만한 구성을 보여주는 경우가 많다. 다른 건 몰라도 그분들보다는 잘해야 한다는 생각을 항상 가지고 있다. 우리 가수니까, 우리 팬들이 가장 좋아하는 것들로, 마치 내가 그 그룹의 팬이 된 듯한 자세로. 그게 이 일을 하면서 가지고 있는 가장 큰 의무감인 것 같다.

대중문화를 읽으면 세상을 앞서간다

Part 3
K-POP
스테디 트렌드

11

시즌 송, 봄에는 벚꽃 말고 다른 꽃은 없나

얼어붙었던 땅이 녹고 따사로운 햇살이 비추는 3월이 다가오면 음원차트에 '벚꽃엔딩'이 등장한다. 그것은 어느새 봄이 성큼 다가왔음을 의미한다. 이보다 더 정확한 일기예보는 없다. 두꺼운 옷을 얇은 옷으로 바꿔 입는 정도로는 충분하지 않다. 거리에 봄노래가 울려퍼질 때 비로소 계절이 바뀌었음을 체감한다. 계절감을 제대로 터득한 노래만큼 더한 공감은 없다. 시즌 송은 추억을 함께 소환하기 때문이다. 그때 그 노래와 계절의 기억이 맞물렸을 때 추억의 힘은 몇 배로 상승한다. 잃어버린 감성을 찾아줄 제철음악이다. 계절감을 머금은 단어 하나하나가 멜로디와 만났을 때 감정은 되살아난다. 계절의 색이 바뀔 때 느끼는 감정의 변화, 곧 히트곡이 되는 순간이다.

대중문화 전 분야에 걸쳐 계절 마케팅은 오래된 흥행공식이다. 여름이 되면 오싹한 공포영화가 쏟아지고, 그때만 맛볼 수 있는 제철 메뉴가 불티나게 팔린다. 계절을 타는 건 트렌드에 민감한 가요계도 마찬가지다. 시즌 송, 특정 계절이 되면 다시 사랑받는 곡을 말한다. 벚꽃이 흩날리는 봄의 거리에는 '벚꽃엔딩'이 울려퍼지고, 여름이 되면 듀스의 '여름 안에서'와 쿨의 '해변의 여인', 가을이 되면 이용의 '잊혀진 계절' 같은 곡들이 들리기 시작한다.

또 크리스마스가 다가올 때면 어김없이 머라이어 캐리의 캐럴 '올 아이 원트 포 크리스마스 이즈 유All I Want for Christmas Is You'가 들린다. 특히 여름과 겨울은 가요계가 계절 특수를 누릴 수 있는 시즌이다. 온도 차가 극명한 만큼 '여름=댄스, 겨울=발라드'란 공식은 앞으로도 절대 깨지지 않을 패턴일 것이다. 하지만 버스커버스커가 메가히트를 기록하자 봄 가요계 판도 역시 크게 바뀌었다. 스테디셀러가 된 봄노래 열풍, 그 이유는 무엇일까.

그동안 가요계에 시즌 송은 많았지만 '벚꽃엔딩'처럼 매년 차트 상위권에 오를 정도로 위력을 가진 노래는 흔치 않다. 신곡을 히트시키기 위해 각종 트렌드와 마케팅 기법을 총동원하는 기획사, 색다른 콘셉트를 두고 늘 고심해야 하는 아이돌그룹에게 버스커버스커는 질투의 대상이다. 1~2년 사이 봄 시즌 송이 쏟아진 것도 모두 이 한 곡 때문이라고 해도 과언이 아니다. 봄의 시작을 닮은 '계절 맞춤형' 앨범 한 장으로 예상치 못한 신드롬의 주인공이 된 버스커버스커는 벌써 4년째 스테디셀러다. 그동안의 음원 수익이 수십억 원대인 것이

버스커버스커 '벚꽃엔딩' 앨범

알려지면서 우스갯소리로 '벚꽃연금'이라는 말도 생겨났다. 봄은 곧 '벚꽃엔딩'이고 아직 적수가 없다. 음악제작자들은 이 엄청난 신드롬 을 직접 경험했기에 올해 유독 많은 봄노래를 쏟아냈다. 이제 봄은 히트곡을 잡을 기회의 순간이다.

누구나의 감성을 담담하게

봄에는 희망의 기운이 있다. 모두가 묵은 것들은 버리고 새로운 출 발을 하는 것처럼 기대감에 설렘까지 주는 계절이다. 찬바람에 움츠 리고만 다니던 사람들도 괜히 두근거려 하고, 봄바람이 불자 무슨 일 이 꼭 일어날 것만 같은 묘한 기운에 휩싸인다. 그 좋은 기분은 전염 되기 쉽다. 겨울을 보내고 난 뒤 봄의 기운을 잔뜩 만끽하고 싶은 대중의 심리가 작용한 덕분이다. 일회성에 그치기 쉬운 요즘 댄스곡에 비해 봄노래가 긴 수명을 갖는 이유는 계절이 갖는 애매모호함에 있다. 너무 춥지도 덥지도 않은 만큼 편안한 감상을 전해주기 때문이다. 질리지 않을 정도의 편안함, 기교보다 정서에 우선하는 발라드 혹은 미디엄 템포의 곡들이 올 봄에 쏟아진 이유다.

사계절 중 봄이 갖는 강점은 아련함에 있다. 눈이 녹고 꽃들이 만개하는 풍경은 사랑의 시작과 꼭 닮았고, 목놓아 울지 않아도 누군가를 그리워하기에 적합한 계절이다. 봄은 어떤 감정을 대입해도 꽤 설득력 있는 답을 내놓는다. 자극적이지 않아도, 과장하지 않아도 '언제 어디서 누구와 무엇을 공유한 어떤 감정'을 이야기하기에 적절하다. 이제 사람들은 자신도 모르게 기억한다. 벚꽃이 필 무렵에는 '벚꽃엔딩'을, 사랑이 피어나는 새 학기에는 소유와 정기고의 '썸'을 떠올리기 마련이다. 움츠렸던 몸이 기지개를 켜듯이 사람의 감정도 마찬가지다. 쓸쓸한 가을과 시린 겨울을 지나 찬란한 봄을 맞이하는 길목에는 무언가 설렘이 있다.

다만 계절의 이미지를 온전히 음악으로 옮겨놓는 것은 쉽지 않은 일이다. 그것도 편안한 방식으로. 봄노래는 자극적이지 않아야 한다. 단순히 흥행 패턴을 노렸다가는 짧은 감성팔이에 그치기 쉽다. 봄에 발표된 수많은 곡이 '제2의 벚꽃엔딩'의 아류쯤으로 분류되고 처참히 외면당한 것만 봐도 그렇다. 뛰어야 사는 일반 대중가요에 비해 시즌 송은 '누구나'의 감성을 어떻게 담담하게 그렸느냐가 중요하다. 보통 사람의 이야기를 편안하게 감성적으로 그려내는 것은 어렵다. 청춘이라면 누구나 겪을 수 있는 사랑 이야기를 일상의 공감으로 그려내기는 쉽지 않을 것이다. 죽음 같은 사랑을 노래하듯 소몰이 창법'도, 눈물 쏟아지는 신파극 가사도 필요 없다. 평범하지만 평범하지 않은 봄노래가 갖는 위력은 여전히 상당하다.

계절의 흐름을 단계적으로

계절의 흐름을 단계적으로 나눈 것도 올해 눈에 띄는 변화다. 허각 '사월의 눈'의 노랫말은 시기적으로 겨울과 봄 두 계절에 걸쳐 있다. 겨울에서 봄으로 바뀌는 짧은 그 순간을 포착해 이별의 그리움으로 표현한 노래이다. 제목에 포함된 '사월'과 '눈'의 이미지가 노래 전체를 대표한다. '사월'은 완연한 봄을, '눈'은 완전한 겨울을 의미하는데 '사월의 눈'은 분할된 두 화면에 눈 내리는 풍경과 흩날리는 벚꽃이 절로 떠오른다. 겨울 느낌의 웅장한 오케스트라 세션은 광활한 설원을 떠올리게 하고, 포근한 가사는 봄의 따스한 온기를 느끼게 해준다. 겨울과 봄을 모두 만끽할 수 있도록 한 시즌 송이다.

케이윌의 '꽃이 핀다'는 봄이 갖는 다른 감상을 전해준다. 모두가 벚꽃길을 걷고 봄노래를 부를 때, 누군가는 다른 기억을 떠올리는 것처럼, 설렘보다는 '그리움'이란 또 다른 봄의 이름을 찾아냈다. 화사한 첫사랑보다는 그리움이 먼저인 사람들을 위한 음악을 담았다. 소소한 일상에서 찾은 계절의 또 다른 기억이다. 그것도 과잉과는 거리

아이유 '봄 사랑 벚꽃 말고' 앨범

가 먼 절제된 방법으로. 음악은 잔잔하게 가슴을 저미고 노랫말은 진
솔하면서도 소박해 마치 지난날의 여러 단면을 들여다보는 듯하다.

이외에도 버벌진트의 '시작이 좋아'는 새해를 보내고 봄의 시작을
맞이하는 순간을, 로꼬의 '우연히 봄'은 '보다'와 '봄'의 중의적 의미
에서 재미를 찾았다. 박효신의 '샤인 유어 라이트Shine Your Light'는 찬
란한 인생의 순간에 빗대어 봄의 기운을 덧입혔다. 굳이 봄의 키워드
를 나열하지 않아도 계절감이 물씬 풍긴다. 오랜만에 신보를 발매한
이문세는 '제2의 벚꽃엔딩'을 겨냥한 듯한 봄노래 '봄바람'을 발표하
기도 했다. 로이킴의 '봄봄봄', 아이유의 '봄 사랑 벚꽃 말고' 등도 꾸
준히 차트 역주행을 노리고 있는 대표적인 봄노래다.

봄이 되면 생각나기만 해도 성공

계절 마케팅은 싱글 발매 패턴도 바꿔놓았다. '벚꽃엔딩'에 이어 '썸'이 요즘 연애방식을 노래한 트렌디한 주제와 계절의 타이밍이 갖는 타격감으로 '대박'을 터뜨리자 시즌 송은 많은 가수의 통과의례가 됐다. 비교적 짧은 시간에 작업이 가능해 정규앨범에 비해 시간과 금전적 부담이 덜한 것도 시즌 송의 장점 중 하나이다. 또 활발한 콜라보레이션(협업) 작업으로 가수들에게 새로운 이미지를 심어주기에 탁월해 성공방정식으로 꼽힌다.

시즌 송이 리메이크, 콜라보레이션 등을 통해 색다른 이벤트 성격을 띠는 것도 팬들에게는 큰 재미일 것이다. 소유가 콜라보레이션 곡을 통해 자신의 보컬색을 인정받은 것처럼, 아이돌 가수들은 퍼포먼스 말고도 감성 표현에 주력할 수 있는 기회가 된다. 게다가 한 번 터진 시즌 송은 매해 수익을 창출하는 효자 노릇을 톡톡히 해낸다. 계절의 특성을 살린 페스티벌의 붐도 기대해볼 만한 영역이다.

가요의 소비 주기는 워낙 빠르다. 이런 상황에서 시즌송을 만드는 것은 하나의 대안이 될 수 있다. 이미 대형기획사와 방송사가 주류가 된 마당에 눈앞의 성공보다는 긴 호흡으로 내다보는 게 중요하다는 인식에서다. 매년 봄이 되면 가끔 생각나기만 해도 성공이다. 당장은 '벚꽃엔딩'을 대신할 봄노래가 나오긴 쉽지 않을 것이다. 역으로 보면 '벚꽃엔딩'을 대신할 봄노래는 스테디셀러가 될 것이란 얘기다.

세월이 지나도 흔들리지 않을 정서와 추억이 담기지 않는다면 스테디셀러는 불가능한 일이다. 최근 몇 년 사이 '봄캐럴'이란 하나의 분야가 추가된 것처럼 보이지만 분명 새로운 발견도 아니고, 개척의 영역도 아니다. 계절이 바뀔 때면 늘 존재해왔던 노래들이다. 하지만 가요계에서 시즌 송이 본격적으로 소비되기 시작한 것은 분명하다.

12

큐레이션, 콘텐츠 플랫폼의 핵심

올해 3월 미국 텍사스 주 오스틴에서 열린 SXSW^{South by} Southwest 뮤직 페스티벌의 콘퍼런스 세션에서는 생산물과 공유는 늘어나지만 수익은 줄어드는 음악 산업계의 최근 경향을 어떻게 개선시키느냐를 두고 격렬한 토론이 벌어졌다.

국제음반산업협회에 따르면 2014년 세계 음악 시장 전체 매출에서 스트리밍(내려 받지 않고 실시간으로 듣기)의 점유율은 2013년 25퍼센트에서 32퍼센트로 올랐다. 미국에서는 같은 기간 음악 스트리밍 건수가 54.5퍼센트 증가했다. 실물 음반(12.4퍼센트 감소), 다운로드(12.5퍼센트 감소)의 하향세와 비교된다. 프라이스워터하우스 쿠퍼스 PwC에 따르면 세계 음악 스트리밍 시장 규모는 2009년 5억 달러(약 5,769억 원)에서 2018년에는 17억 8,000달러(약 2조 1,000억 원) 규모를 웃돌 전망이다. 이는 음악 시장 내 다른 부문과 비교해볼 때 가장 높은 성장률이다.

스트리밍 서비스에서는 음악을 소비자 입맛에 맞게 골라 틀어주는 큐레이션 서비스와 플레이리스트(추천 선곡표)가 시장을 지배하는 새 동력으로 예측됐다. 광고는 물론이고 전체 수익에서 비중이 늘고 있는 콘서트 시장 승부의 관건인 팬덤 형성에도 플레이리스트는 필수적이라는 공감대가 형성됐다. 이동통신기술의 발달로 디지털 음

세계 음악 시장 규모
PwC 발표

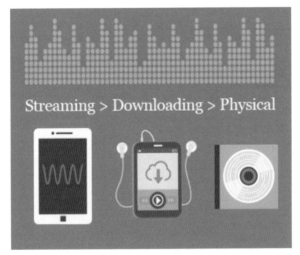

| 17억 8,000달러 | 16억 5,000달러 | 15억 8,000달러 |
| (약 2조 1,000억 원) | (약 1조 9,400억 원) | (약 1조 8,600억 원) |

2018년이 되면 디지털 스트리밍이
음악 시장에 최고의 수익을 가져다주는 매체가 될 것이다.

악 소비의 무게추가 다운로드에서 스트리밍 쪽으로 완전히 기울어지고, 소비자들의 음악 감상 패턴이 재핑^{Zapping}(TV 채널 습관적으로 돌리기)에 가까워졌기 때문이다.

스트리밍 서비스 '에이트랙스^{8tracks}'의 최고경영자 데이비드 포터는 다음과 같이 전망했다.

"향후 전체 음악 소비자의 70퍼센트에 해당하는 연간 10달러(약 1만 1,500원) 미만 지불자가 음악 마케팅의 타깃이 될 것이다. 유명인, 일반인이 만드는 플레이리스트를 활용한 마케팅이 시장을 좌우할 것이다."

디자인과 큐레이션이 장점인 애플 뮤직

30억 달러(약 3조 4,614억 원)에 비츠일렉트로닉스를 인수한 애플이 6월 30일, 스트리밍 서비스인 애플 뮤직을 출시하면서 이런 경향은 물길을 되돌릴 수 없는 폭포수같이 쏟아졌다. iOS 운영체제 업데이트를 통해 전 세계 모든 아이폰에 자동 탑재되는 애플 뮤직의 서비스 구성은 자연스레 음악계의 관심사가 됐다. 애플 뮤직은 다섯 개의 메인 메뉴 중 첫 번째에 해당하는 가장 왼쪽에 '추천 음악^{For You}'을 배치했는데, 두 가지로 나뉜다. 첫째, 소비자가 최근 많이 들은 음악 장르나 아티스트를 기반으로 한 '마이클 잭슨에게 영향을 준 음악' '인디 록 기초 파기' 같은 곡 모음 목록 추천 서비스이다. 둘째, 소비자가 많이 들은 장르 내에 소비자가 듣지 않은 음반 추천이다. 닥터 드레와 N.W.A의 음악을 최근 집중해 들었다면 스눕독이나 투팍의 명반을 추천하는 식이다.

애플 뮤직에서 셋째이자 중앙에 자리한 메뉴는 '라디오'다. 스타들이 진행하는 '비츠원 라디오'를 중심에 두고 장르나 분위기별 추천 음악을 틀어주는 라디오도 배치했다. 업계에서 가장 큰 주목을 받은 기능은 그 옆에 있는 '커넥트'다. 좋아하는 가수를 '팔로우' 하면 그의 새 소식이나 새 음원, 동영상을 가장 먼저 볼 수 있도록 한 일종의 음악 전문 SNS다.

애플 뮤직을 사용해본 사람들은 디자인과 함께 큐레이션 기능을 장점으로 꼽았다. 비슷한 기능은 수년 전부터 스포티파이, 디저, 에이트트랙스 같은 다른 서비스에서도 내세웠지만 통신기기 시장을 함께 가진 애플이 뛰어든 데다 기능을 더 세분화하고 무게를 더 실었기 때문이다. 애플뮤직이 아직 정식 서비스되지 않는 한국의 음원 업계도 촉각을 세웠다.

한 대형 음원 서비스사의 관계자의 말이다.

"국내에서는 가요를 많이 듣고 국내 음원 서비스 가격이 애플 뮤직 이용료의 절반 이하인 점을 감안할 때 당분간 애플 뮤직의 국내 진출은 힘들어 보인다. 하지만 그 기능과 디자인, 국내 소비 동향을 면밀히 살피고 있다."

스웨덴에 본사를 둔 스포티파이는 2014년 음악 데이터 분석업체 에코 네스트를 인수해 '음악 발견Music Discovery' 기능을 강화했다. 스마트폰의 센서를 활용해 이용자의 상태를 파악해 플레이리스트를 추천하는 '무드-테일러드' 서비스도 제공한다. 2015년 6월에는 이용자의 취향에 따라 다른 시대(1960~2000년대) 음악을 추천하는 '테이스트 리와인드' 서비스를 시작했다.

큐레이션의 세분화와 맞춤화가 더해지는 한국

서구 선진국보다 먼저 스트리밍과 큐레이션 서비스가 일찌감치 대세로 자리 잡은 한국에서도 2015년엔 큐레이션에 세분화, 맞춤화 물결이 더해졌다. 멜론은 애플 뮤직의 커넥트 기능과 비슷한 '아티스트 플러스'를 내놨다. 소비자는 여기서 아티스트의 선곡을 받아볼 수 있다. 예를 들면 래퍼 피타입은 Mnet 래퍼 오디션 프로그램 〈쇼미더머니〉 탈락의 이슈가 식기 전인 7월 초, 여기에 '리얼 힙합 플레이리스트'를 공개했다. JJK, 수다쟁이, 딥플로우를 비롯하여 〈쇼미더머니〉에 참가하지 않은 래퍼들의 곡을 집중적으로 골랐다. 역시 음원 사이트를 갖고 있는 Mnet 쪽에 맞서는 스토리텔링 마케팅을 멜론과 함께 이어간 셈이다.

다른 음악 큐레이터로 구성된 맞춤 선곡 코너인 멜론 DJ도 전면에 배치했다. '그 노래에 꽂히는 데 걸리는 시간, 재생 후 10초'라는 제목 아래로 팝 스타 드레이크^{Drake}, 디스클로저^{Disclosure}의 도입부가 인상적인 곡들이 배치돼있다. 아이유, 지코, 김태우 같은 스타 DJ를 내

세워 공중파 라디오나 팟캐스트와 음원 큐레이션이 합쳐진 형태의 음성 콘텐츠를 내놓기도 했다.

KT뮤직 지니는 6월, 스카이티브이의 큐레이션 음악 프로그램 '오늘 뭐 듣지?'와 협력해 TV 예능 프로그램과 모바일 큐레이션의 공조를 도모했다. 지니는 이어 애플워치에 최적화된 음악 서비스 '지니스포츠'도 론칭했다. 인터페이스를 애플워치에 최적화된 이 서비스는 운동을 즐기는 도중에 애플워치를 스와이프(쓸어 넘기기) 하는 방식으로 쉽게 플레이어 페이지, 가사, 전체 반복 같은 재생 방식을 선택 가능하도록 했다. KT뮤직 플랫폼 사업본부 장준영 본부장은 '향후 웨어러블 기기의 특성과 고객의 음악 사용 패턴을 고려한 편리한 서비스를 계속해서 제공해나갈 것'이라고 했다.

같은 아시아권에서는 대만의 클라우드 기반 음악 서비스 KKBOX는 스포티파이를 비롯한 서구 서비스의 아시아 공략에 맞서 2014년 싱가포르 정부 소유의 투자회사 GIC로부터 약 1억 달러를 투자받아 새로운 큐레이션과 음악 발견 서비스를 론칭했다.

큐레이션의 본질인 개인화 서비스는 음악뿐 아니라 다양한 콘텐츠 플랫폼의 핵심 기술이 될 전망이다. 최근 봉준호 감독의 신작에 5,000만 달러(약 576억 9,000만 원)를 투자하기로 해 화제가 된 미국의 세계 최대 온라인 동영상 스트리밍 업체 '넷플릭스'도 큐레이션 서비스를 통해 매출 규모를 빠르게 확대하는 중이다. 넷플릭스는 전체 콘텐츠 이용의 75퍼센트를 개인화 추천 서비스를 통해 만들어내기에 이르렀다.

2015년 미디어 업계의 뜨거운 키워드로 떠오른 MCN(멀티 채널 네트워크)에서도 큐레이션은 핵심이다. 유튜브 스타를 비롯해 1인 크리에이터의 소규모 콘텐츠를 유통하는 만큼, 시청자의 관심사를 분석해 채널을 배치하고 부문을 분류하여 보기 좋게 디자인하는 작업이 MCN의 핵심 경쟁력이 될 전망이다.

13

장르명 K-POP, 일본 한류의 2막

●● 일본에서 한류가 호황이던 시절이 있었다. 불과 2~3년 전까지도 그랬다. 한국에서 적당히 이름만 알리면 일본에 건너가 프로모션을 했고, 공연을 했고, 앨범을 냈다. 그러면 오리콘차트 '톱10'에 우습게 올라갔다. 그때는 그랬다. 일본에 갔다 온 그룹의 '어깨뽕'은 잔뜩 올라갔고, 일본에서의 무용담을 늘어놓으면 "정말? 진짜 그렇게 인기가 있다고?"라고 다시 되묻게 될 정도로 논의 자체가 과장되게 느껴질 만큼 거대했다.

지금 대한민국 음원 시장에서 톱 10에 오른다는 게 어떤 의미인가. '대박'을 의미한다. 그걸 한류 가수들은 안방도 아닌, 일본 시장에서 밥 먹듯이 했다. 한국에서 1만 석 규모의 올림픽체조경기장에서 몇 차례씩 공연할 수 있는 그룹이 몇 팀이나 될까. 그걸 일본에서는 제국의 아이들, 유키스, 틴탑 레벨의 그룹이 손쉽게 해냈다. 그 정도로 한류는 거대한 흐름 속에 호황의 연속이었다.

그런데 지난해부터 '한류가 위기'라는 말이 심심치 않게 들려왔다. 그 중심에 일본 시장이 있었다. 일본에 진출하는 가수가 뚜렷하게 줄었고, 성적도 미미해 보인다고 했다. 일본에서 중국으로 시장이 이동하고 있다는 말이 피부로 와 닿았다. '혐한류'를 위시한 일본 정계의 제재도 그런 얘기를 부추겼다.

정말 2015년, 일본 시장에서 '한류는 위기'를 맞았을까. 이젠 일본 시장에서 등을 돌려, 중국 시장에만 두 팔을 벌려야 할까. 일본에서 활동 중인 그룹 방탄소년단의 활동을 본다면 이야기가 달라진다.

방탄소년단으로 본 한류는 죽지 않았다. 한류라는 큰 범위에서 K-POP이라는 장르 중심으로 사고가 바뀌었을 뿐이다. 오히려 K-POP을 사랑하는 팬층이 젊어지면서 인기의 연속성을 갖기에는 더 좋아졌다. 거품이 빠지고 장르가 뚜렷이 남게 된 것이다. 그게 지금 일본 시장의 현실이다.

한류는 이제 없다?

한류는 이제 없다. 2010년부터 불어 닥친 광풍이 이젠 없다는 거지, K-POP이 이제 일본에서 인기가 없다거나 공연에 대한 수요가 사라졌다는 말은 아니다.

일본, 중국 등지에서 한류 관련 사업을 해온 한 여행사 대표의 말이다.

"한류가 없다는 건 확실하다. '류流'라는 건 하나의 흐름인데, 결국은 왔다가는 것 아닌가. 한류는 붐이었지만 이젠 사라졌고 K-POP이라는 장르로 일본 시장에서 자리를 잡았다고 본다."

그러면서 일본의 공식 음반차트 오리콘의 회장인 코이케 코우와의 일화를 소개했다. 그가 코이케 회장과 자리를 함께할 때 "한류의 분위기가 많이 침체된 거 같은데 어떻게 보고 있는가"라는 질문을 했더니, 이런 대답이 되돌아왔다고 한다.

"무슨 소리인가. 일본 음반 시장의 30퍼센트를 K-POP이 차지하고 있다. 이제 K-POP은 하나의 장르로 자리를 잡았다. 한국 사람들은 너무 붐(한류)에만 신경을 쓰는데, 그것보다는 좋은 콘텐츠를 가지고 오는 데 더 집중을 해야 한다."

어쩌면 코이케 회장의 말이 정답이다. 그때 그 풍요롭던 시장은 이제 돌아오지 않을 수도 있다. 하지만 K-POP이라는 장르는 이제 일본에 정착됐다. 분명한 시장이 존재하고 수요도 있다.

매주 어디선가 한국 아티스트들의 공연과 팬 미팅이 이루어지고 있어 대관이 힘들 정도인 게 현실이다. 예전에 말도 안 되는 돈을 주고 한국 가수들의 공연을 봤던 그 시장은 분명히 이제는 없다. 일본에서는 4만 명을 동원하는 아티스트를 기준으로 10퍼센트 정도를 개런티로 받아갔다. 그 당시의 한국 가수들의 개런티는 50퍼센트 정도였다. 일본에서 가장 인기가 있다는 그레이가 중국 투어를 돌면

12만 명 정도를 동원하는데, 한국 가수가 4~5만 명을 동원했을 때의 개런티와 비슷했다. 이제 그런 시장은 분명히 죽었다는 것이다.

K-POP 장르로 접근한 방탄소년단

한류는 없지만, 장르는 살아 있다. 그걸 바라보고, 플랜을 세워 일본 시장에서 자리를 잡아가고 있는 게 그룹 방탄소년단이다. 일본 시장이 어려워도 시장은 분명히 있다는 것이 방탄소년단을 보면 알 수 있다. 빅히트는 일본에는 여전히 큰 음악 시장이 존재하고, 그 시장을 내수 시장으로 보고 접근하고 있다. 일본 시장은 수출의 개념이 아니라 '머스트', 꼭 진출해 자리를 잡아야 할 시장이라는 것이다.

방탄소년단의 일본 데뷔 플랜은 이랬다. 첫 번째 전략은 '데뷔 초기에 진출하자'였다. 한국에서 5년 차로 중견인데, 일본에 가면 신인인 상황이 발생한다. 지금까지는 보통 한국에서 그룹을 크게 띄워놓은 다음, 그 증거를 가지고 일본에서 '딜'을 했다면 그들은 역발상으로 데뷔 초기부터 들어가 양국의 시너지 효과를 톡톡히 본 것이다.

물론 신인 때부터 일본 시장에 접근해 큰 파트너를 만날 수는 없었다. 그들은 방탄소년단의 일본 파트너로 포니캐년을 정했고, 그들은 방탄소년단의 가능성을 보고 받아주었다. 그렇게 방탄소년단의 일본 시장 진출이 이뤄졌다. 한국에서 데뷔를 하고, 그해에 일본에서 쇼케이스를 열었다. 좋은 반응을 얻은 방탄소년단은 올해 1월에는

일본에서 K-POP 장르로 자리잡은 방탄소년단 _ 빅히트엔터테인먼트 제공

팬 미팅을 한 후 제프투어로도 이어졌다. 6월에 정식 데뷔를 했고, 네 번째로 발매한 싱글 〈포 유FOR YOU〉로 발매 첫 주에만 7만 2,000장의 판매고를 올렸다. 오리콘 싱글 주간차트 1위에 오르는 결과도 얻었다. 일본 아레나(1만 석 규모)에서 단독 콘서트도 성공적으로 개최했다.

　두 번째 전략은 '방탄소년단의 이미지를 한국과 일본에서 동일하게 가져간다'였다. 이는 초창기 한류의 전성기를 이끌었던 선배 가수들과는 분명 다른 행보다. 보아와 동방신기의 경우, 철저히 J-POP에 특화된 아티스트의 이미지를 구축해 국내 활동과 확실히 구분을 지었다. 국내에서는 아이돌 댄스 가수의 이미지를 가진 그들이 일본에서 아티스트로 성장한 모습을 보인 것이다. 하지만 방탄소년단은 한국과 일본, 구분할 것 없이 하나의 무대로 여러 나라를 연결한다. 전 세계로 실시간 전달되는 SNS, 유튜브 등 플랫폼의 변화가 한류 시장의 변화마저 이끌어낸 셈이다.

방탄소년단의 일본 팬들은 90퍼센트 이상이 10대다. 한국과 동일하다. 과거 K-POP이 한류의 범주에만 들어 있던 시절에는 팬 연령대가 30~60대까지 다양했다. 젊은 음악이 젊은층에 국한되어 소비되고 있다는 점도 K-POP이 장르로 자리를 잡아가고 있다는 의미다.

콘텐츠의 현지화가 정답이다

일본에서도 문화와 정치가 하나로 묶였다. 아베 정권에서 구체화된 '혐한류' '반한류'에 한국 가수들의 일본 방송 출연은 그 길이 원천 봉쇄됐다. '혐한류'를 주도하는 쪽이 광고주를 압박해 방송사들은 한류 관련 방송을 중단한 상황이다. 얼마나 갈까 했는데 장기화되면서 일반 방송 쪽에서는 돌파구가 보이지 않는다.

그런데 방송 봉쇄는 K-POP에 큰 영향을 미치지 못한다는 분석이다. 한국의 방송 환경과 크게 다르지 않다. 이젠 나영석 PD의 〈신서유기〉도 자체 방송사인 tvN이 아니라, 포털 사이트인 네이버에서만 독점 공개되는 시대다. 방송사에서 온라인, 모바일로 '권력'이 이동된 것이 단적인 예다. 한국에서의 소스들을 실시간으로 일본에서도 확인할 수 있어, 더 이상 일본 방송 봉쇄는 큰 의미가 없다.

K-POP의 현지화도 척척 진행되고 있다. 대표적인 것이 CJ E&M 의 노력이다. CJ E&M 음악 부문은 일본의 회사와 법인을 세우고, 콘텐츠의 현지화를 위한 답을 찾고 있다. 일본의 '빅터'라는 회사와 조인트 벤처를 해서 법인을 세웠다. 일본 회사와 법인을 설립한 것은 최초다. 사실 일본에서의 한류가 좋았다고는 하지만, 모든 권리를 다 뺏기고 결국 로열티 20퍼센트만 가져오는 수준이었다. 그래서 지금은 우리 법인으로 한국 가수를 진출시키고 일본 가수는 일본에서의 유통과 해외 시장에 진출할 수 있는 길을 터주고 있다. 장기적으로는 일본 가수를 데뷔시킬 플랜까지 갖고 있다.

CJ E&M의 해답은 간단하다. 결국은 콘텐츠의 현지화가 답이다. 콘텐츠는 권리를 누가 갖고 있느냐의 문제다. 일본 가수가 일본말로 노래를 해도 권리가 CJ E&M에 있다면 결국 우리 가수고, 콘텐츠의 현지화를 이룬 것으로 본다.

일본의 한류는 사라졌지만, K-POP은 남았다. 규모가 급격히 줄어든 것으로 보이지만 거품이 빠진 것이라는 분석이 우세하다. 일본에서 인기 있는 아이돌 스타들도 자연스럽게 세대 교체가 되면서, 팬 층도 10대로 젊어지고 음악도 더 트렌디해졌다. 일본에서는 10대가 주 소비층이 아니어서 아직까지 '큰돈'이 되지 않는다지만, 어쨌든 아이돌 음악의 주 소비층은 10대가 돼야 한다.

2016년에는 그 속도가 더욱 가속될 것으로 보인다. YG의 신인 그룹 아이콘ikon은 데뷔와 동시에 일본에 건너가 1만 석 규모의 콘서트를 여러 번 했다. 팬층은 역시 10대다. 그들은 아이콘의 음악이 배용준이 시작한 한류라서 좋아하지 않는다. K-POP이라는 장르에 매료됐고, K-POP 음악이 가장 핫 하다고 인식한다. 2015년은 그 한류 거품을 걷어내고 K-POP이 자생하기 위한 '일보 전진을 위한 일보 후퇴의 시간'으로 보는 게 맞다.

　결국 K-POP 콘텐츠의 질이 우수하다면, 또다시 한국 가수들의 일본 러시는 이어질 가능성이 크다는 게 업계 관계자들의 증언이다.

14

레퍼런스,
열린 시대 피해갈 수 없는 논란

•: 거의 모든 음악이 거의 모든 귀에 제한 없이 들릴 수 있는 열린 사회에 살고 있다.

1990년대 서태지와 아이들이 앞장선 '해외 장르 도입'의 기치는 색이 바랜 지 오래다. 매일 SNS와 인터넷, 유튜브, 스트리밍 서비스를 통해 적은 금액이나 무료로 전 세계에서 유통되는 음악을 실시간으로 접속해 들어볼 수 있다. 사운드하운드, 샤잠 같은 애플리케이션은 멜로디를 입력해 곡 제목까지 검색할 수 있는 기능을 갖췄다.

이런 시대에도 표절은 일어난다. 아티스트가 신곡을 내기 전 표절 여부를 스스로 확인하기 쉬워진 만큼, 전 세계 구석구석의 매력적인 음악을 맘껏 들을 수 있으니 레퍼런스(참고)의 유혹은 더욱 달콤해진다. 실물 음반의 시대처럼 특정한 몇몇의 명반을 반복해 듣는 것이 아니라, 이제 음악가가 수많은 음악을 한 번씩만 물 흐르듯 흘려들으니 무의식적 표절의 가능성도 높아진 것이다.

미디와 네트워크가 결합됨에 따라 수많은 리믹스와 짜깁기를 통한 음악 창작이 기술적으로 가능해지니 편곡자 입장에서는 한 개의 샘플에 얼마나 많은 다른 샘플이 담겨 있는지를 파악하는 일, 샘플 클리어런스(해외 샘플에 돈을 지불하고 쓸 수 있도록 허락을 받는 것)의 중요성도 높아졌다.

2015년 더욱 두드러진 표절 논란

이런 경향은 2015년에도 두드러졌다. 지난 7월, 크러쉬의 '오아시스'가 표절 논란에 휩싸였다. '오아시스'는 음원차트 최상위권에 오랫동안 머물렀다. 표절의 대상으로 지목된 노래는 미국 음악인 에릭 벨린저의 'Akward'이다. 벨린저는 SNS에 크러쉬의 곡에 대해 "유사하게 들리지만 표절이라고 생각하지 않는다"는 메시지를 남겼다. 하지만 국내 전문가들 사이에서는 두 곡의 화성과 선율 진행, 편곡이 매우 유사하다는 주장이 다수 제기됐다.

MBC 〈무한도전〉 출연으로 스타덤에 오른 밴드 혁오도 표절 의혹으로 유명세를 치렀다. 그들의 곡 '론리'와 'Panda Bear'가 각각 해외 음악인 더 화이티스트 보이 얼라이브의 '1517', 유미 주마의 'Dodi'와 비슷하다는 지적이 나왔다. '론리'는 지난 3월 더 화이티스

트 보이 얼라이브가 내한했을 때 함께 노래한 곡이며, 'Panda Bear'
는 'Dodi'보다 발매 시기가 빠르다는 게 소속사 하이그라운드의 입
장이다. 하지만 일부 전문가는 "지나친 레퍼런스가 아니냐"는 의혹의
시선을 거두지 않았다. Mnet의 〈쇼미더머니 4〉에서도 논란이 있었
다. 지코의 '거북선'이 스웨덴 음악가 퀼리네즈의 곡 'Hookah'와 비
슷하다는 지적이 나왔던 것이다.

아이유의 '스물셋'는 샘플 무단 사용 혐의를 받았다. 이 곡 중간에
브리트니 스피어스의 'Gimme More'에 등장한 것과 유사한 목소리
음원이 등장했기 때문이다.

익명을 요구한 유명 작곡가 A 씨의 말이다.

"드럼 패턴 1곡, 인트로 1곡, 브리지(연결부) 1곡, 후렴 1곡, D-브리
지(후반부 브리지) 1곡……. 가요 제작자가 서로 다른 외국 곡 6, 7개
를 가져와 작곡을 의뢰하기도 해요. 이쯤 되면 조립 수준이죠."

원곡 느낌을 그대로 살리지 않으면 제작자가 오케이 사인을 내지
않는다고 한다. 주문한 대로 여러 레퍼런스를 끼워 맞춰 어떻게든 자
기만의 느낌과 기법을 살려보려 해도 계속해서 퇴짜를 맞으면 도리
가 없다. 결국 주문대로 작곡과 편곡을 끝낸 뒤 자신의 이름은 빼달
라고 요구했다고 한다.

레퍼런스에서 자유로운 히트곡은 한 곡도 없다

레퍼런스는 요즘 가요 작곡가 사이의 불문율이다. 대개 잘 만든 외국 곡을 지칭한다. 그걸 밑그림으로 깔고 '비슷하되 약간 다른' 곡을 만드는 게 히트곡의 당연한 작곡법으로 굳어졌다. 몇 년 새 표절 논란에 휘말린 작곡가 대부분이 "문제가 된 외국 곡은 그저 레퍼런스였을 뿐이다"라고 변명했다.

지난해 MBC〈무한도전〉에 소개돼 인기를 누리다 표절 논란에 휘말리자 음원 판매를 중단한 '아이 갓 시'를 만든 프로듀서 프라이머리가 논란 초기에 내세운 변명도 레퍼런스였다. '아이 갓 시'는 표절 대상으로 지목된 네덜란드 가수 카로 에메랄드의 곡을 만든 해외 작곡가들과 사후 합의해 저작권을 분배한 사실이 최근에 드러났다. 자기 혼자 만든 저작물이 아님을 자인한 셈이다.

전문가들은 현재 가요차트 30위권 노래 90퍼센트 이상이 특정 레퍼런스를 재료로 만든 곡이라고 단언한다. 레퍼런스에서 자유로운 히트곡은 한 곡도 없다는 진단이다.

베끼기를 합리화하는 레퍼런스 관행은 작곡가 A 씨가 털어놓은 '히트곡 주문생산' 체제의 산물이다. 가요 기획사들은 소속 가수의 새 앨범을 낼 때 제작자(대개 회사 대표)가 직접 또는 A&R 부서를 통해 콘셉트를 정한다. 이때 레퍼런스가 정해진다. '이기 아잘레아 스타일' '로빈 시크풍'처럼 특정 팝 가수를 지목하거나 여러 가수의 스타일을 뒤섞는다. '베이스 반복음은 저스틴 팀버레이크 스타일, 드럼은 카니예 웨스트풍, 랩은 니키 미나즈 느낌' 하는 식으로 말이다.

다음은 실력이 검증된 유명 작곡가에게 레퍼런스를 제시하고 곡을 의뢰한다. 이 과정에서 10팀 안팎의 인기 작곡가에게 수백 곡이 몰린다. 한해에도 수십 개의 아이돌그룹이 생성·소멸하는 가요계에서 소수 작곡가에게 과부하가 걸리기 마련이다.

히트 작곡가 B 씨의 말이다.

"일감이 몰릴 때는 한 주 동안 서로 다른 장르 세 곡을 작곡, 편곡한다. 짧은 기간에 레퍼런스를 반복해 듣다 보면 무의식중에 멜로디를 그대로 따라간다."

뮤직비디오, 의상, 안무도 마찬가지다. 지난해 빌보드 싱글차트 12주 연속 1위 곡인 로빈 시크의 '블러드 라인스'는 가인과 효민의 뮤직비디오 레퍼런스가 됐다. 해당 가수 측은 '오마주(경의)'라고 해명했다.

레퍼런스는 싱어송라이터의 정규앨범 시대가 사실상 막을 내린 2000년대 중반부터 횡행하기 시작했다. 두세 곡 들어가는 디지털 앨범에 1억 원 가까이 투자해 주기 빠른 가요계에서 승부를 봐야 하니 제작자는 더욱 히트가 검증된 레퍼런스에 집착하게 되는 것이다.

원래 레퍼런스는 음악의 추상적 콘셉트를 주제로 대화를 하는 데 사용하던 재료였다. 악기에 대한 전문적 지식이 없는 제작자가 자신이 원하는 음악의 분위기를 작곡가에게 설명할 때 '강렬한 사운드' '세련된 R&B 멜로디' 같은 막연한 표현 대신 실제 음악으로 예를 들어야 할 때가 있다. 따라서 레퍼런스는 애초에 표절의 재료가 아니라 설명의 방식이었다는 것이다.

무의식적 표절도 표절이다

해외의 경우는 어떨까. 영국 록 밴드 레드 제플린의 'Stairway To Heaven'(1971년)도 표절 논란에 휩싸였다. 대중음악사에서 고전 반열에 오른 이 곡은 발표 43년 만인 지난해 5월 소송에 휘말렸다. 도입부 통기타 분산화음이 미국 록 밴드 스피릿의 1968년 연주곡 'Taurus'와 비슷하다며 이 밴드의 기타리스트 랜디 캘리포니아의 유족 측이 저작권 공동명의 등재를 요구하는 소송을 낸 것이다. 레드 제플린은 1960년대 후반 스피릿의 콘서트에 참여한 적이 있었는데, 그때 'Taurus'의 연주 부분을 참고해 'Stairway To Heaven'을 만들었다는 게 캘리포니아 유족 측의 주장이다.

해외에서도 음악 표절에 관한 시비와 소송은 국내 못지않게 빈번하다. 비틀즈의 기타리스트 조지 해리슨이 발표한 'My Sweet Lord' (1970년) 소송이 유명한 사례다. 멜로디가 걸그룹 시폰스의 'He's So Fine'(1963년)과 겹친다는 점이 법원에서 인정됐다. 해리슨은 "무의식적으로 나온 것 같다"고 했지만 무의식적이라도 표절은 표절이다 라는 판정을 받은 전례로 남았다.

라디오헤드의 'Creep'(1993년)도 영국 록 밴드 홀리스의 'The Air That I Breathe'(1973년)와 표절 소송이 붙었고, 결국 라디오헤드가

졌다. 'Creep'의 저작권은 'The Air That I Breathe'를 작곡한 두 명이 라디오헤드와 나눠 가졌다. 21세기 들어서는 콜드플레이, 카니예 웨스트, 에이브릴 라빈, 블랙 아이드 피스 같은 팝스타가 표절 논란에 시달리거나 법정 공방에 들어갔다. 저작권과 퍼블리싱 개념이 일찌감치 정착된 미국과 영국에서는 '표절 찾기'가 수익 창출 행위로 자리매김했다. 혹시 모를 저작권 분쟁을 적극적으로 방어하는 것도 이제는 가수와 제작자의 필수 업무다.

국내 가요의 표절과 레퍼런스 논란을 계속되게 하는 것은 언론과 평단, 아티스트 모두의 소극적인 대처 때문일 수 있다. 언론과 평단에서는 논란이 되는 노래들에 대한 원작자의 의견을 적극적으로 청취하고, 아티스트는 이런 논란을 사전에 막기 위한 외부 모니터 활동을 더 꼼꼼히 해야 할 것이다.

15

월드뮤직, 국악으로 가능할까?

지금껏 월드뮤직 시장은 특정 대륙이나 국가에 치우쳐 있었다. 세계 최대의 팝 시장인 미국, 영국, 프랑스에 인접하거나 교류가 활발한 중남미, 중동, 아프리카의 음악이 전자음악, 힙합 등 기존 팝과 격렬한 화학반응을 일으켰고 뉴욕, 런던, 파리를 통해 전 세계에 소개됐다. 물리적 거리나 역사적 연관성을 뛰어넘는 무한 네트워크의 시대는 그간 덜 조명된 전통음악의 현대화에 새 전기를 마련한다.

우리 음악도 그렇다. 국악은 2015년 안팎으로 가장 활기찬 변혁의 해를 맞았다. 나라 안팎의 수요와 계기, 요인들이 맞아떨어졌다.

첫째는 국립국악원, 서울대 동양음악연구소 같은 국가기관과 연구단체에서부터 촉구된 국악의 대중 음악화 가능성에 대한 질문이다. 둘째는 '한불 상호교류의 해'를 비롯한 외부적 요인으로 인한 해외 진출이고 셋째는 뉴웨이브라고 할 수 있는 국악 퓨전그룹들의 대거 등장과 월드 뮤직화 가능성의 확인이다. 최근 몇 년 새 성장한 새로운 방식의 국악 퓨전그룹들은 특히 국악의 대중화, 국제화 가능성의 측면에서 가장 눈에 띄는 흐름을 보여줬다.

내부적으로는 가장 자유로운 상상력이 만개하는 인디 음악계와 화학적 교류가 늘었고, 외부적으로는 해외 전문 에이전시와 교류를 통해 시장 진입로가 넓어진 것이다.

14개국 38개 도시 공연 펼친 국악퓨전 잠비나이

성난 파도처럼 몰아붙이는 강렬한 헤비메탈 기타 사운드가 만드는 거대한 소리의 벽을 배경으로 거문고와 해금 연주가 신경을 두드린다. 이따금 이 벽을 뚫고 가세하는 피리와 태평소의 음률은 귀곡성 같은 음악에 처연함을 더한다. 3인조 국악 록 밴드 잠비나이의 음악이다.

세계가 놀랐다. 2010년 결성된 잠비나이는 지난해 미주와 유럽, 남미의 14개국 38개 도시를 돌며 56회의 공연을 펼쳤다. 올해 5월, 6월에도 유럽 12개 도시를 찍었다. 해외 팬덤이 강한 K-POP 아이돌그룹도 못 이뤄낸 성과다. 이들의 무대는 월드뮤직 그룹이 모이는 워매드WOMAD 같은 축제에 국한되지 않는다. 로스킬데(덴마크),

최근 영국 유명 음반사 벨라 유니온과 계약을 마친 잠비나이 _ 잠비나이 제공

EXIT(세르비아) 같은 록페스티벌에서 더 많은 러브콜이 쏟아지고 있
다. 세계 진출 3년 차를 맞는 2016년 초에는 잠비나이의 2집이 영국
유력 음반사를 통해 전 세계에서 동시 발매된다. 2015년 초에는 김
창완밴드가 산울림의 명곡 '내 마음에 주단을 깔고'를 잠비나이와 협
연해 새롭게 해석했다.

  잠비나이로 대표되는 2010년대 뉴웨이브 퓨전 국악은 1970년대
이후 이어져온 사물놀이와 재즈, 25현 가야금으로 재해석한 비발디
등 기존 퓨전 국악의 물길에서 조금 비껴나 있다. 이전 세대를 뛰어
넘는 '국악 2.0'은 대체로 서울 홍익대 앞 록 클럽과 더 친하다. 해외
공연 에이전시와 직접 계약을 맺거나 미국의 SXSW 같은 해외 쇼케

이스 무대에서 현지 록 밴드들과 경쟁한다.

확고한 취향으로 세계적인 보편성을 가지다

잠비나이의 멤버 3명 모두 한국예술종합학교 전통예술사 출신이다. 하지만 바세린, 삼청교육대 같은 무자비한 헤비메탈, 하드코어 밴드들의 집합체인 GMC레코드에서 데뷔 앨범(〈차연〉, 2012년)을 내고 활동했다. 피리, 생황, 가야금, 양금 연주를 현대적으로 섞어내는 2인조 숨, 인디록과 우리 소리를 결합한 밴드 고래야와 타니모션에 이르기까지 퓨전 국악 팀들의 해외 시장 진출은 괄목할 만하다. 잠비나이는 숨은 네덜란드의 전문 에이전시인 어스비트와 계약을 맺고 한 번 해외에 나갈 때 여러 도시를 두루 돌고 온다.

숨 역시 두 명의 국악기 전공자로 구성됐지만 현대음악의 어법을 화학적으로 껴안았다. 이들 무대의 압권은 재즈 색소폰 대신 피리가 행하는 자유롭고 공격적인 솔로 연주다. 국악기 중 유일한 화성악기인 생황 연주는 리코더나 플루트, 파이프오르간을 연상케 한다. 피리나 생황 연주에 독특한 배경색을 칠하는 건 록이나 서양의 현대음악에서 편집증적인 저음 오스티나토(저음이 같은 선율로 끊임 없이 반복하는 것)의 긴장감을 만들어내는 것은 가야금 연주다.

고래야, 타니모션은 국악 연주자들이 인디록 밴드 멤버와 의기투합한 경우다. 타니모션을 이끄는 작곡자 겸 리더 연리목은 장기하도 한

인디 록과 우리 소리를 결합한 밴드 고래야 _ 고래야 제공

때 몸담았던 록 밴드 눈뜨고코베인 출신이다. 고래야는 국악기 연주자 네 명이 브라질 타악기 주자, 록 기타리스트와 손잡고 만들었다.

1970년대 김덕수 사물놀이패를 필두로 푸리, 슬기둥, 숙명가야금 연주단, 김수철, 김용우 등이 국악의 현대화에 앞장섰지만 지금의 흐름은 그때와 또 다르다. 전통을 중시하는 일부 국악인들은 "악기만 우리 것이지 저들을 국악의 갈래로 보기 어렵다"고 치부하기도 한다.

반면 잠비나이의 경우 멤버 각각은 국악을 전공했지만 전통적 작법에 묶이지 않고 동시대 음악의 흐름 안에서 확고한 취향으로 세계적인 보편성을 갖는 창작으로 발현하고 있다. 서울아트마켓, 울산의 에이팜APaMM(아시아태평양국제뮤직마켓), 뮤콘(서울국제뮤직페어) 같은 견본 시장에 최근 해외 유력 마케터들이 몰리면서 퓨전 국악 팀들의 해외 진출을 잇는 교량 역할을 하고 있다.

에이팜의 성장은 특기할 만하다. 매년 글래스턴베리, SXSW, 워멕스, EXIT 같은 해외 대형 음악축제 디렉터들이 이곳을 즐겨 찾는다. 뮤콘이나 서울아트마켓보다도 발탁 확률이 높다는 게 밴드 관계자들의 공통된 목소리다.

월드뮤직의 메카 역할을 해온 프랑스 파리

프랑스와 한국 정부가 손잡고 2015년 9월부터 2016년까지 지속하는 '한불 상호교류의 해'는 국악의 세계화 가능성을 한층 높일 전망이다. 대중음악의 시대에서 프랑스와 파리는 월드뮤직의 메카 역할을 해왔다. 아프리카와 중동은 물론 중남미와 아시아 음악도 이곳 공연을 통해 세계로 뻗어나갔다.

국립국악원은 한불 상호교류의 해를 여는 신호탄 격인 개막공연을 파리 국립샤요극장에서 열었다. 그것도 다름 아닌 가장 느리고 전통적인 종합예술, 종묘제례악을 통해서다.

9월 파리 현지에서 만난 디디에 데샹 국립샤요극장장의 말이다.

"1938년 최승희의 춤 이후 한국 전통예술이 샤요극장 무대에 오른 건 처음이다. 프랑스인들은 해외 전통 문화에 강한 호기심을 갖고 있다. 샤요극장은 피나 바우슈를 포함한 무용의 메카로서 매우 느린 템포에서 군무를 정확하게 맞추는 이 전통예술에 높은 관심을 가질 수밖에 없었다."

비슷한 기간, 파리 시내 '테아트르 드 라 빌'에서는 만수대탁굿이 꽉 찬 객석을 두고 공연했다.

한불 교류를 계기로 국악 명인들의 산조와 시나위 공연이 프랑스, 영국, 스페인을 돌며 10~11월까지 이어졌다. 11월에는 파리 시내의 세계적인 음악박물관 '시테 드 라 뮈지크'에서 한국 전통악기 기증식과 기념공연이 펼쳐졌다. 국악의 해외 교류는 2016년까지 활발하게 이어질 전망이다.

해외 재즈 연주자들과 국악인들 교류의 장인 여우록페스티벌

'전통의 보존'에 중심 가치를 둔 국립국악원이 문턱을 낮춘 것도 청신호다. "국악은 심각한 위기에 처해 있다. 젊은층의 관심을 모으지 않으면 곧 고사할지 모른다"는 김해숙 국립국악원장의 위기의식이 공연계 민완기획자로 이름난 용호성 기획운영단장의 올 초 취임과 맞물리면서 국악원 개혁이 급물살을 탔다. 2015년부터 국악원에서 열리는 모든 공연은 1~3일 이내로 유튜브에 업로드되고 있다.

국악원은 대중음악인들을 대상으로 한 국악작곡아카데미를 지난달 처음 열었다. 가수 이한철부터 재즈계에서 명망이 있는 김성배, 신현필, 이선지, 이지연 같은 연주자들까지 14명이 10월까지 매주 수업을 들었다. 대중음악에 우리의 전통 작법을 접목하는 실험을 위해서다. '민요의 지역적 특징' 같은 개론부터 '산조 작곡 기법 분석'까지 16주 차 과정을 수료하고 11월에는 졸업연주회 격인 작곡 시연회도 열었다. 국악원은 이 프로그램을 매년 정례화할 계획이다.

국악원은 5월엔 잠비나이, 불세출 등 젊고 실험적인 16개 팀을 초청해 공연 시리즈 '빛나는 불협화음'도 열었다. 국악 음반 산업, 대중음악과 국악, 창작 국악의 방향성, 국립국악원 경쟁력 강화 등을 주제로 포럼도 연중 개최해 국악계 안팎의 기탄 없는 의견을 청취했다.

국립극장은 올해 6회를 맞은 '여우록페스티벌'을 해외 재즈 연주자들과 국악인들 교류의 장으로 만들었다. 유럽에서 입지를 굳힌 나윤선 재즈보컬이 새 음악감독을 맡으면서 에릭 프리들랜드, 이로 란탈라 같은 명장들이 한국 전통음악과 즉흥연주 실험을 벌였다.

한국 최초의 동양음악 연구기관인 서울대 '동양음악연구소'는 매년 한국 음악학계에서 중요하게 다뤄야 할 학술주제를 개발해 정기 학술회의를 개최하고 그 성과를 학술지로 간행하는데, 올해 포커스를 대중음악으로 잡았다.

자신을 잊지 않는 것, 뿌리를 캐보는 것

전주 소리문화의 전당에서 열린 전주 세계 소리축제(10월 8~12일) 소리프런티어 예선에서 독특한 팀을 여럿 볼 수 있었다. 심사 끝에 결선 진출에 성공한 남성그룹 '딸TAAL'은 단연 뛰었다. 파키스탄 전

2015년 10월, 벨기에 베베른에서 공연 중인 숨 _ 숨 제공(Photo by Vio Kim)

통음악과 서도 소리를 능청스럽게 넘나드는 남성보컬들을 건반악기 하모니움과 타악기 타블라 연주가 받쳤다.

리더 그나성(가명) 씨의 이야기이다.

"국악을 전공했지만 파키스탄 전통음악 카왈리에 빠져 현지에서 배워온 뒤 그 즉흥성과 리듬이 서도 소리와 통한다는 데 착안해 둘을 섞기 시작했다"

또한 재즈와 국악을 섞어낸 '세움'의 멤버 김성배 씨는 이렇게 말하고 있다.

"재즈와 국악을 물리적으로 결합하기보다는 자유 즉흥 연주와 토론을 통해 새로운 답을 찾기 위해 노력 중이다"

세움은 8월 영국 에딘버러 프린지 페스티벌에 참여해 현지 매체로부터 별 다섯 개를 받았다. 징, 가야금, 장구가 플루겔혼 같은 서양 악기와 자연스럽게 녹아들어 문화 장벽을 허문 것이 높은 점수를 받았다.

대중문화에서 새로운 'K-브랜드', 오래된 미래의 현대화에 대한 모색은 계속될 전망이다. K-POP과 한류는 정체된 가운데 세계 시장을 향한 홍보와 유통 채널은 오히려 확장일로에 있기 때문이다. 비슷한 기량의 경쟁자들 사이에서 가장 손쉽게 튀는 법은 '자신을 잊지 않는 것' '뿌리를 캐보는 것'이다.

"콘텐츠는 절대
시스템이 만들 수 없다"

존재감으로 승부하는 YG엔터테인먼트 양현석 대표

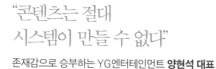

YG 양현석(45) 대표는 늘 이슈의 중심에 있다.

YG가 신사업을 시작할 때도, 소속 아티스트가 새 앨범을 발표할 때도, YG가 새 아티스트를 영입할 때도 양현석 이야기는 빠지지 않는다. 그 큰 존재감 때문에 이런 오해도 많이 산다. 'YG는 양현석의 1인 기획사'라거나 'SM은 시스템이 만들지만, YG는 양현석이 만든다'라거나. 그래서 대한민국 가요 제작자 중 가장 존재감이 큰 인물로 양현석 대표가 뽑히기도 한다. 양현석 대표가 없는 YG는 상상조차 불가하다.

그 때문에 시기와 질투도 많이 받는다. 특히 빅뱅이 5월부터 'MADE' 연작 시리즈를 내놓고 매달 음원차트를 삼켜버리면서 '가요계 마피아'란 말까지 듣고 있다. 거기에 타블로가 세운 레이블 하이그라운드가 홍대 인디밴드 혁오를 영입하면서 '하다하다 인디 시장까지 먹으려고 한다'는 뒷얘기까지 듣고 있다. 신인가수 아이콘을 데뷔 콘서트부터 1만 석 규모의 서울올림픽공원 체조경기장에 올렸다. 타 기획자들의 부러움과 시기를 받을 수밖에 없다.

YG가 벌이고 있는 사업은 또 어떤가. 의류 브랜드 노나곤을 론칭했고, CJ 브랜드 전략 고문이었던 노희영 대표를 영입해 별도 법인인 YG푸즈를 설립했다. 동생인 양민석 대표는 요즘 게임 사업까지 시작했다. 홍대 앞 삼거리는 이미 'YG화'됐다. 10년 전만 해도, 하나의 가요기획사가 이뤄낼 일이라곤 상상도 하지 못했다. 그걸 해낸 게 양 대표다 보니 '1인 기획사' 소리를 들어도 크게 틀린 말은 아닐지도 모른다.

지금까진 사업 얘기만 했다. 몸이 열 개라도 모자랄 거 같지만, 결국은 가요 기획자다. 그는 소속 가수의 새 앨범 론칭을 가장 꼼꼼히 챙긴다. 기획부터 참여한 SBS 〈K팝스타〉는 어쩌면 가장 스트레스 받는 일 중 하나일 듯하다. 그리고 1남1녀를 둔 한 가정의 가장이다. 생각만 해도 피곤한 인생처럼 보인다. 하지만 여전히 에너지가 넘치고 '오너'만이 가질 수 있는 여유까지 남겨놓았다. 머릿속에는 내일 그릴 그림까지 떠올려놓고, 눈을 붙이는 게 양현석이다.

YG 양현석 대표는 이슈 메이커임이 분명하다. 양현석 대표는 가요 생태계의 최상위 포식자로, 그 많은 시기와 질투를 받아 마땅한 걸까. 1996년 현 기획 간판을 달고, 가요 기획자로 나선 지 이제 꼭 20년이다. 전 세계에서 가장 색깔 있는 기획사로 자리매김한 YG의 양현석 대표는 지금 어떤 평가를 받아야 마땅할까. 양현석 대표가 YG를 넘어 대한민국 가요계에서 갖는 그 '존재감'은 어떤 것일까?

▨ 빅뱅이 매달 신곡을 내면서 YG의 독식에 대한 비난도 있다.

빅뱅은 누가 뭐래도 한류를 가장 크게 이끄는 국내 대표 주자이다. 그런데 3년 만에 앨범이 나왔다. YG에서 봤을 때도 매우 어렵게 나온 앨범이다. 다른 가수들처럼 한 번 프로모션하고 끝내는 것보다 수록 곡 전체를 잘 프로모션하고 싶었다. 월드 투어 규모도 점점 커지고 있고, 가급적 앨범의 모든 곡의 뮤직비디오를 찍어서 전 세계 팬들에게 보여줬으면 했다. '이프유' '맨정신'은 월드 투어 때문에 방송 활동을 한 번도 못했다. 국내 팬들은 섭섭하겠지만 팬들에게 부탁하고 싶은 건, 빅뱅은 국내 시장에 머무르기보다 국내 콘텐츠의 우수성을 알리기 위해 전 세계 팬들을 상대로 프로모션하고 있다는 점을 이해해주었으면 좋겠다. 빅뱅이기에 가능한 일이기 때문이다.

▨ 빅뱅 프로모션으로 YG 소속 다른 가수들의 컴백이 미뤄지는 것은 아닌가.

현재 YG는 빅뱅이 이끌고 있다고 해도 과언이 아니다. 빅뱅으로 인해 위너나 아이콘 같은 후배 가수들이 더 잘 알려지고 있는 것도 사실이다. 3년 만에 나온 앨범이니만큼 우선적으로 최선을 다하는 게 맞다고 생각한다. 다른 소속 가수들도 앨범을 열심히 준비하고 있다. 9월부터 많은 소속 가수를 쏟아낼 계획이다(이후 씨엘, 싸이 등의 신곡이 공개됐다). 빅뱅 때문에 앨범 발매 시기를 미루는 것이 아니라, 서로 윈윈 하기 위한 전략이라고 생각해주었으면 좋겠다.

▨ YG가 타 기획사에는 공공의 적이다.

왜 공공의 적이라고 말하는지 모르겠다. 우리는 올림픽, 월드컵 때도 앨범을 냈다. 다른 회사 가수들이 나오는 것을 염두에 두고 앨범을 낸 적은 없다. 오히려 강한 상대를 피하지 않아서 논란이 된 적도 많다. 국내 모든 가요 기획사 중에서 음악 방송 출연을 가장 적게 하는 회사가 YG가 아닐까 싶다. 이점이 바로 국내 팬들의 가장 큰 불만이기도 하다. 물론 국내 활동도 중요하지만 지금은 콘텐츠만 우수하다면 유튜브를 통해 자연스럽게 홍보가 되는 세상이라 국내 방송 활동 횟수에 연연하기보다 좋은 콘텐츠를 만드는 데 더 많은 시간을 할애하고, 더 넓은 시장을 목표로 프로모션하고 있는 거다. 오히려 YG 소속 가수들이 음악 방송 출연을 잘 안 하니까 다른 소속사 가수들에게 더 많은 기회가 열리는 것 아닌가?

▨ 빅뱅이 재계약을 앞두고 있다. YG와 빅뱅이 더 그릴 그림이 남았다고 생각하는가(인터뷰 이후 YG는 빅뱅과 재계약에 사인했다).

지용이와 태양의 경우 13살에 YG에 들어왔으니 벌써 15년 가까이 같이 한 친구들이다. 20대 중후반인 그 친구들이 인생의 절반 이상을 YG와 함께했으니 성향이 비슷하고 교감이 잘 이루어지는 건 당연한 일이다. 같은 것을 좋아하는 사람들이 모여 있는 게 YG의 가장 큰 강점이다. 20살 차이가 나지만 나도 그들과 같이 있으면 좋다. 요즘 세대들의 생각을 많이 듣다 보면 내가 배우는 게 더 많을 때가 있다. YG의 힘은 서로가 좋아하는 정보를 함께 공유하고 교감하는 거라고 생각한다.

▒ 탑이 최근 방송에서 YG와의 재계약에 대해 부정적인 발언을 했는데.

예능에서 재미있으라고 농담한 거라고 생각한다. 빅뱅은 YG라는 시스템 안에서 자양분을 먹고 자란 친구들이다. 나는 나무를 좋아한다. 그래서 집에 나무가 많다. 나무도 자리를 옮기면 몸살을 앓거나 죽는데, 제 성격상 겉으로 표현은 잘 안 하지만 10년을 넘게 같이 한 빅뱅은 가족 같은 친구들인지라 큰 이견은 없을 거라 생각한다. 만에 하나 빅뱅이 YG를 떠나서 자기네들끼리 음악을 하겠다고 해도 도와줄 거다. 이건 진심이다. 예전에 한 투자가가 "만약 휘성, 거미, 세븐, 렉시가 계약을 해지하면 당신과 YG의 미래를 어떻게 믿을 수 있겠는가"라고 물었다. 매우 보수적인 질문이었다. 결국 그 투자가와 일하지 않았다.

하지만 그 이후에 빅뱅과 2NE1이 나왔고 싸이와 에픽하이 등 많은 소속 가수가 좋은 결과물을 만들어냈듯이 새로움에 대한 호기심과 내일에 대한 목표를 더 크게 생각하는 성향인지라 지금 주어진 일에 최선을 다하면 좋은 결과는 늘 일어날 수 있다는 믿음이 있다. 이건 자만심이 아니라 DNA 같은 거라 생각한다. 빅뱅에게 가장 바라는 것은 더 오래가는 그룹이 됐으면 좋겠다. 내년이면 10년 차인데, 롤링 스톤스처럼 나이를 많이 먹어도 빅뱅이라는 이름으로 오래 활동했으면 한다. 곁에서 그들을 지원하고 돕고 싶은 것이 나의 바람이다.

■ **위너 팬들이 좀 서운해한다는 얘기도 들린다.**

회사에서 빅뱅과 아이콘만 챙긴다는 오해가 있다. 하지만 진짜 모두 오해다. 빅뱅과 위너, 아이콘까지 모두 남자그룹이니 삼형제라고 비유한다면 모두 잘 키워야 한다는 의무감과 책임감이 똑같다. 아직 밝히지 않았지만 위너의 앨범을 열심히 준비 중에 있다. 조만간 기쁜 소식을 전할 수 있을 거 같다. 위너와 아이콘이 같은 시기에 활동하는 건 데뷔 전부터 꼭 한 번 해보고 싶었던 계획이기도 하다.

■ **2NE1은 걸그룹 대전 속에 참 그리운 그룹이다.**

요즘 많은 걸그룹의 대전을 보면서 나 역시도 많이 생각이 났다. 2NE1의 노래를 듣고 싶다는 생각이다. 2NE1만큼 개성 있는 음악을 하는 친구들도 흔하지 않으니까. 우선 씨엘의 미국 솔로 데뷔가 임박

했으니 씨엘이 성공을 한다면 2NE1의 컴백에도 좋은 영향을 끼칠 거라고 생각한다.

▧ 싸이도 양 대표를 무서워한다는 말이 있던데.

다정하고 편안한 형이 되고 싶은 동시에, 가장 무서운 형이 되고 싶은 마음도 함께 있다. 가수들은 인기가 많아지는 것만큼 책임감도 무거워져야 하고 소속사는 절제와 규칙을 강화해야 한다고 생각한다. 마음속으로야 모든 소속 가수를 사랑하고 존중하지만 어느 정도의 거리감을 유지하는 것도 필요하다고 생각한다. 그건 자식과 부모 간에도 필요한 부분이다.

▧ YG 주식 시가총액이 8,000억 원을 넘었는데, 사업가로서 꿈이 있다면?

내 꿈은 단순히 재산 축적이나 사업의 확장은 아니다. 주변에서 비슷한 질문을 많이 받아서 내 꿈이 뭘까에 대해 생각해봤는데, 요즘 드는 생각은 애국이다. 예전에는 유관순, 안중근 의사와 같은 위인들이 애국자였지만 전쟁 중이 아닌 지금의 애국은 한국을 많이 알리는 것 또는 외화를 많이 벌어오는 것이 아닐까 싶다. 물론 애국자가 되려고 음악을 시작한 건 아니지만 현재 처해진 상황이나 위치가 내가 할 수 있는 역할이 있다면 결국은 한국 음악과 문화를 널리 알리는 일이라고 생각한다. 이왕 하는 거라면 국내 1등이 아니라 세계 1등

한 번 해보자라는 욕심 같은 건데, 싸이도 빅뱅도 충분히 그 역할을 잘하고 하고 있다는 생각이 든다.

■ **SM은 시스템이 만들고 YG는 양현석이 만든다는 이야기가 있다.**

콘텐츠는 절대 시스템이 만들 수 있는 분야가 아니다. 그게 가능하다면 삼성 같은 대기업이 엔터테인먼트를 하면 세계 최고가 될 것이다. 주식 평가액 때문인지 가끔 이수만 사장님과 비교하는데, 무척 실례라고 생각한다. 누구와 경쟁을 하거나 비교 당하기보다 그냥 내가 하고 있은 일에 최선을 다하고 싶은 생각뿐이다.

■ **한류 콘텐츠의 세계화를 어떻게 보는가.**

한류 콘텐츠의 세계화라는 말은 너무 거창하다. 한국의 많은 여자 골프선수가 우승을 한다고 해서 한국골프의 세계화라는 말은 잘 안 쓰는 것처럼 이미 세계화된 콘텐츠 시장에서 경쟁이라는 말이 더 이상적이다. 차별화된 콘텐츠로 경쟁력을 갖추는 게 더 중요하다.

■ **SM, JYP 외에 3대 기획사로 다른 회사들이 언급되고 있다.**

사람들이 말하는 3대 기획사가 단순히 매출로 판단해야 하는 건 아니라고 본다. 매출로만 따지면 로엔, YG, SM이다. SM, YG, JYP가

3대 기획사라고 꼽히는 이유는 연예인 출신 오너라는 스토리도 있고, 오랜 세월에 걸쳐 많은 유명 가수를 탄생시킨 스토리가 있기 때문이 아닐까 한다.

■ **의상 사업, 요식업 사업에 이어 게임 사업도 진출한다는 얘기가 있다.**

구멍가게였던 YG가 이제 조직을 갖추기 시작했고 일 잘하는 사람들이 많아졌다. 친동생인 양민석 대표도 바로 옆에 있고. 모든 분야는 각 분야마다 가장 잘하는 사람이 해야 한다고 생각한다. 똑똑한 인재들이 많아서 나는 주로 음악일과 더불어 관심 있는 패션·요식업 쪽을 담당하고 있고, 다른 분야들은 양민석 대표와 전문가들이 철저하게 분업화하여 담당하고 있다. 서로가 잘하는 분야에 대해서는 터치하지 않는다.

■ **패션, 게임 사업을 해야 하는 이유는 무엇인가?**

'노나곤'을 론칭하는 날 나는 이런 이야기를 했다.

"〈대장금〉이라는 드라마가 중국에서 히트를 치고, 패션도 일본만 하더라도 몇몇 디자이너들이 유명하다. 그런데 한국을 대표하는 유명 패션 디자이너나 요식업이 단 하나라도 있을까?"

중국 음식과 일본 음식은 세계 어딜 가도 쉽게 접할 수 있는데, 왜 한국 음식은 꼭 한인타운을 찾아가서 먹어야 하는가에 대한 불쾌감과 약 오름에서 시작됐다.

한국 드라마가 중국에 나가서 '치맥'이 뜬 건 콘텐츠가 원동력이 될 수 있었다고 생각하는 거다. 한국 패션이나 한국 음식에 콘텐츠를 함께 얹혀가면 경쟁력이 생길 거라고 생각한다. 이제 명동이나 국내 유명 백화점들이 외국인 관광객이 없으면 큰일 난다는 말이 들리는 것처럼, 지금까지는 한국 문화는 찾아오는 외국인들에게 인기였지만 이제는 들고 나가는 시대라고 생각한 거다. 음식도, 패션도 결국 스토리가 부족하기 때문에 역부족이었다고 생각하는데, 이제는 충분히 가능한 일이라고 본다.

■ **최근 Mnet 〈쇼미더머니〉의 인기에 대해 어떻게 생각하는가.**

긍정적인 부분이 크다. 현재 Mnet에서 가장 잘 되는 프로그램이 〈쇼미더머니〉〈언프리티랩스타〉이다. 뭐든지 잘 되는 것에는 분명한 이유가 있다고 생각한다. 프로그램을 잘 만들어서라는 일차원적인 생각보다는 지금 젊은 세대들의 관심 있는 성향을 잘 파악하고 있는 프로이기 때문이다. 공중파 예능이나 드라마의 시청률이 곤두박질 치고 있는 이유는 한마디로 뻔하거나 재미없는 거다. 고정관념을 벗어나지 못하는 기성세대들이 만드는 프로그램을 젊은 세대들은 관심 가질 리 없으니까.

나는 매우 긍정적인 편인데, 발목에 음양의 문신이 있다. 낮이 있으면 밤이 있듯이, 이 세상 대부분의 모든 것에는 겉과 속 또는 앞과

뒤가 있다고 생각한다. 즉 장단점이 함께 존재한다는 의미이다. 나는 단점을 누르고 장점을 부각시키려는 성향이 강하다.

〈쇼미더머니〉도 많은 논란이 있지만, 많은 사람에게 한국 힙합 신의 관심을 불러일으킨다는 점에서 긍정적이다. 내가 오래 전에 봐왔던 언더 래퍼들은 낮에는 식당에서 아르바이트하고 저녁에는 공연하면서 어렵게 음악을 하고 있었다. 그런 친구들이 〈쇼미더머니〉와 같은 프로그램을 통해 많은 사람에게 이름을 알리고 자신의 음악을 알릴 수 있다는 점에서 긍정적으로 생각한다.

반대로 〈쇼미더머니〉에 나오는 친구들이 아이돌그룹들이 자리 잡은 공중파 음악방송에는 나오지 못한다. 그들을 다루는 방송도 필요하다고 생각한다. 하지만 서로 추구하는 시장이 다르다. 〈쇼미더머니〉로 오랫동안 언더 생활을 한 도끼의 일리네어도 수혜자가 됐고, 아이콘의 바비도 힙합적인 느낌을 발휘했다. 요즘 음원차트 추이를 보면 메이저와 언더의 구분이 없어진 것 같다. 수많은 아이돌그룹이 힘을 못 쓰고 혁오나 자이언티 같은 친구들이 상위권에 있지 않은가. 〈쇼미더머니〉나 〈언프리티랩스타〉 등 힙합이 차트 상위권으로 올라오는 걸 보면서 국내 음악 시장은 이미 판도가 바뀌었다고 생각한다.

■ 하이그라운드 레이블도 지원하고 있는데…….

뮤지션들이 작은 어항 속에서 피 터지게 싸우는 것보다 더 넓은 세상을 보고 좋은 시장을 만들어주는 것이 중요하다고 생각한다. 에픽하이의 경우 YG에 온 이후 해외 공연을 많이 다녔는데, 물론 에픽하이의 좋은 음악들이 있기에 가능한 일이었지만, YG가 만들어놓은 인프라와 시스템이 합해져서 새로운 시장 확대라는 좋은 결과를 만들었다고 생각한다. 가수는 좋은 음악을, 회사는 가수들이 편하게 음악을 할 수 있는 시스템을 만드는 게 가장 중요한 일이다.

타블로가 레이블을 만들 때 나는 전혀 개입하지 않았다. 앞으로도 그럴 생각은 없다. 내가 타블로에게 "하이그라운드를 만들었으니까 에픽하이도 그 회사로 가라"고 했다. 하지만 타블로가 본인들은 YG에 남고 싶다고 하더라. 타블로도 오랜 가수 활동을 하는 동안 해결되지 않는 문제점들과 여러 가지 시스템에 대해 답답했을 거고, YG에 들어와서 그 점을 많이 보완했다고 생각하는 것 같다.

나는 타블로가 하이그라운드로 많은 신인 음악인을 발굴했으면 좋겠다. 충분히 그렇게 할 수 있는 친구라고 믿는다. 고기를 주지 말고 낚시하는 방법을 가르쳐주라는 속담처럼 혼자서 해결할 수 있도록 내버려둘 생각이다. 필요하다면 조언 정도만 할 생각이다.

■ **혁오의 영입은 알고 있었나.**

전해 듣긴 했지만 자세한 건 몰랐다. 나는 아직 혁오를 만나본 적도 없다. 앞으로도 뒤에서 팬으로서 응원하고 싶다.

100퍼센트 이해한다. 하지만 메이저기획사에 대한 막연한 반감 같다는 생각도 든다. 내가 언더그라운드에 대해 관심 있는 이유는 실제로 우리나라 인디 안으로 들어가 보면 매우 열악하다. 언더 음악 하는 사람들은 배고프다라는 고정관념적인 이미지가 존재하는데, 음악이 굳이 열악해야만 잘하는 건 아니지 않는가. 먹고 살 고민거리를 음악에 투자한다면 더 좋은 음악이 나올 거라고 생각한다.

사실 국내 메이저 음악 시장도 좁기 때문에 언더 시장은 말할 것도 없이 비좁고 열악하다. 우리가 언더라고 이야기하지만, 그들이 설 공연장이나 시장이 거의 없다고 봐도 과언은 아니다. 음악을 하는 사람들도 뮤지션이기 이전에 한 가정의 자식이자, 한 여자의 남친이자, 한 가정을 이끌어야 하는 가장들인데 경제적으로 걱정 없이 음악을 하고 싶은 건 모든 사람의 바람이 아닐까?

자기 음악을 더 많은 사람이 들어줬으면 하는 것도 당연한 욕심이라고 생각한다. 내가 홍대 지역을 기반으로 시작한 사람이어서 그런지, 그런 친구들에게 뭔가 도움을 줄 수 있는 방법이 없을까 하는 생각은 오래 전부터 해왔다. 비슷하고 복제된 아이돌그룹들보다 개성 있는 음악인들이 더 많이 나왔으면 하는 바람이다. 내가 할 수 있는 일들을 꾸준히 고민하고 노력해나갈 생각이다.

■ 뻔하지만 가장 궁금한 질문 하나, YG 대표 양현석에게 인생의 목표는 무엇 인가.

아침에 일어나서 새로운 시작을 생각하는 것, 그렇게 함으로써 살아있음을 느낀다. 돈이 아무리 많다고 해도 지금 말리부에 가서 요트를 사서 놀 생각은 전혀 없다. 나에게는 행복하지 않은 일이니까. 지금은 한국 콘텐츠의 우수성을 전 세계에 알리는 게 가장 재미있는 일이고 내가 하고 싶은 일이다.

■ 눈코 뜰새 없어 보이는데, 하루 몇 시간이나 자는지?

가수들 앨범이 나올 때에는 며칠씩 제대로 못 자기도 하지만, 6~7시간 자려고 노력한다.

■ 일만 해도 바쁠 텐데 〈K팝스타〉를 꾸준히 하는 이유는 뭔가.

사실 〈K팝스타 시즌 3〉부터 올해가 마지막이다라는 생각으로 임했다. 계속 한 이유는 기회조차 없는 아이들의 간절함을 잘 알기 때문이다. 서태지와 아이들로 4년 활동했는데, 〈K팝스타〉를 5년째 하고 있다. 소속 가수들을 챙겨야 하는 일도 너무 많다.

■ '양현석은 정말 똑똑한 사람이다.' 많은 사람이 이렇게 생각하고 있다.

그렇게 생각해본 적이 없다. 오히려 관심 없는 분야에 대해서는 멍청한 부분이 많다. 가끔은 '난 남들보다 못 배우고 남들보다 어렵게 살았다. 그런데 결론적으로 성공이란 걸 하고 있다. 이상하다'라는 생각을 한다.

박진영은 〈K팝스타〉에서 음악 이론에 대해 많이 얘기한다. 학습능력이 매우 뛰어난 사람이라고 생각한다. 선생님이 되고 싶었다는 말까지 하니까. 하지만 난 분명 아니다. 영화를 봐도 제목도 못 외우고, 배우 이름도 기억을 못 한다. 기억을 안 하려고 하는 걸 수도 있다. 책에 흥미가 없다 보니 한두 페이지밖에 못 읽는다. 아마도 나는 학습능력보다 활용능력을 좀 더 가진 거 같다. 배열과 조합을 잘하는 것 같다.

언젠가 애플의 한 관계자가 말한 내용에 크게 공감한 적이 있는데 "우리는 새로운 것을 만든 게 아니라 세상에 있는 좋은 것들을 모아 사람들이 가장 필요로 하는 것들을 잘 조합한 것뿐이다"라고 말했다. 내가 좋아하는 것을 다른 사람들이 좋아하게 만드는 방법, 그것만큼 매력 있는 직업도 없다고 생각한다. 나의 활용능력은 가수와 음악을 만드는 제작자에 가장 적합한 성향이 아닌가 싶다.

■ 세상일 중 관심 없는 것이 있다면 무엇인가.

정치다. 세상에서 제일 관심 없는 게 정치다.

▪ YG 사옥을 넓힌다는 이야기가 있다.

5년 전인가, YG 사옥을 처음 지었을 때 5년은 잘 쓰겠다고 생각했는데 그 이후에 YG가 상장을 했고, 1년 만에 직원들의 자리가 모자라 현재 4곳의 건물로 흩어져서 운영되고 있다. YG 구성원들을 다 모아서 같은 건물에서 일하고 싶다는 생각이 간절했고, YG 관련 사업들도 많아져서 YG사옥 옆으로 넓은 땅을 구입했다. 앞으로 3년 뒤쯤 신사옥이 완공될 예정이다. 뿔뿔이 흩어진 구성원들을 모두 모아 더 효율적으로 일할 생각이다.

▪ 양현석처럼 성공하려면 뭘 먼저 해야 할까.

우선 본인이 가장 좋아하는 일을 찾아야 한다. 좋아하는 일을 하는 사람을 이길 수는 없다. 좋아해야만 미치고 미쳐야만 잘할 수 있다. 두 번째는 내가 잘하는 것을 남들이 인정해주고, 내가 좋아하는 것을 같이 좋아해주는 것, 그게 성공이라고 생각한다.

Interview

"시가총액 1조 원을 향하여"

대량생산과 크리에이티브의 결합을 꾀하는

JYP엔터테인먼트 박진영 대표

:: 가수 박진영(43)이 데뷔 초에 겪은 일화 중 하나다.

박진영은 1994년 '날 떠나지마'를 발표하고 인기 정상에 올랐다. 엉덩이를 뒤로 쭉 빼고 팔을 앞뒤 흔들며 "날 떠나지 마~"라고 애원하는 그는 센세이션 그 자체였다.

젊고 미국 문화에 심취했던 박진영은 거침없었다. 말투에 자신감이 넘쳤고, 비닐바지를 입고 방송에 나서는 '도전(?)'도 서슴지 않았다. 그때였다. 모 방송국 국장이 그를 불러 세웠다.

"진영아, 넌 그냥 딴따라가 아니잖아."

의상이 과감한 박진영을 지적하는 말이었고, 연세대를 졸업한 박진영이라 '정숙하고, 자중하라'는 말로 들렸다. 그에게는 충격이었다. '사람들이 가수라는 직업을 이렇게 보는구나'라고 생각하니 언짢

왔다.

그래서 박진영은 그 국장에게 멋지게 카운터펀치를 날린다. 얼마 뒤 발표한 2집 제목을 '딴따라'라고 붙였고, 인트로에 '난 딴따라다. 난 딴따라인 게 자랑스럽다'라는 내레이션을 삽입했다. 그리고 결심한다. "내가 마이크를 잡고 노래하는 동안 '딴따라'라는 말의 뉘앙스를 바꾸겠다"고 말이다.

그렇게 20년이 지났고, 박진영은 이제 대한민국을 대표하는 톱 가수다. 2015년 발표한 신곡 '어머님이 누구니'로 다시 한 번 정상에 섰다. 그래도 바뀌지 않는 게 하나 있다. 그를 수식하는 단어는 여전히 '딴따라'다. 하지만 뉘앙스는 분명히 20년 전과는 다르다. 어느 누구도 가수 박진영을 비하하거나 깎아내리려는 의도로 '딴따라'란 단어를 쓰지 않는다. 21년간 한결같이 무대 위에서 열정을 불태우는 박진영에 대한 존경의 의미를 담은 것이다.

그리고 그 딴따라는 2015년 다시 한 번 자신을 탈피했다. 지난 3년여의 시도 끝에 신곡을 평가하는 시스템을 구축했다. 여러 주관이 모여, 객관화를 이루고 그것을 점수화하는 시스템이다. 이런 시스템 속에서 곡을 작업하면 대량생산이 가능하며 크리에이티브도 별개가 아니라는 것이 박진영의 생각이었다. 그리고 미쓰에이의 '다른 남자말고 너', 박진영의 '어머님이 누구니' 등이 이 시스템 안에서 나온 곡들이다. 이 시대의 가장 완벽한 딴따라 박진영, 그는 과연 무슨 생각을 하고 있을까.

10년마다 한 번씩 머리를 정리해야 다시 놀 수가 있다. 20대를 정
리하면서는 《미안해》라는 수필집을 발표했고, 서른을 정리하면서는
'하프타임'을 발표했다. 10년에 한 번꼴로, 삶의 목표와 왜 사는지를
정리해야 다시 신나게 놀 수 있다.

그 말에 동의한다. 마지막 히트곡 이후로는 하향세라고 생각한다.
이번 곡이 히트했으니 오늘부터 또 하향세인 것이다. 그게 맞는 사고
방식이라고 생각한다. 그래서 1위곡을 썼을 때가 마지막이라고 생각
하고 하늘에 감사한다. 그리고 '날 떠나지마'가 1994년에 1위를 하
고 21년 동안 1위곡이 없었던 단 한해가 2014년이었다. 그러니 부
진하단 말을 들을 만하다고 생각한다.

비하인드 스토리인데, 이번에 내 앨범이 나오는 걸 전부 반대했다.
올해는 확실한 것만 내고 내 앨범은 내년에나 내자고 했다. 지난번

앨범이 최초로 적자를 찍었다. 그래서 알았다고는 했지만, 미련은 남았다. 그래서 스스로 검증을 받기로 했다. JYP에는 곡을 평가하는 시스템이 있는데, 거기 넣어보겠다고 한 거다. 80점이 넘어야 론칭이 가능한데 무려 94점이 나왔다. 점수에 따라 예산 배정도 다른데, 최고점이 나오니 스태프들이 흥분했다. 그리고 나면 스태프 22명이 모여서 차트 예상 순위를 쓰는데 나는 2등을 적었다. 그런데 2주 동안 1등을 했다.

■ 곡을 평가하는 건 굉장히 주관적인 건데, 그걸 시스템화해서 점수를 도출한다는 게 쉽게 이해가 되지 않는다.

여러 주관이 합쳐지면 객관이 된다고 생각한다. 그렇게 시스템을 만들었다. 이렇게 안 하고 내 의견에만 집중해서 신곡을 내면, 시가 총액 1조 원은 그저 꿈인 거다. 지금 시장에서 제일 잘 되는 회사가 SM과 YG인데, 두 회사 모두 1조 원을 넘지 못했다. 그래서 JYP가 목표로 잡은 게 1조 원이다. 대량생산에 크리에이티브가 가능한 실험을 하고 있다고 생각하면 될 것 같다.

■ 언젠가는 박진영도 좋은 곡을 쓰지 못할 날이 올 거라고 생각하는가.

내 우상들에게 다 그런 날이 왔으니까. 팝 아티스트 베이비 페이스도 어느 순간 1위곡을 내지 못했고, 프린스도 마찬가지였다.

■ 경영은 싫고, 무대 위에 설 때가 제일 좋다고 했는데 이런 얘기를 할 때도 기분이 참 좋아 보인다.

사업적인 건 꿈 꿀 때만 재미있다. 내가 참여하는 회의는 A&R 회의뿐이다. 크리에이티브한 모임인데, 나의 역할은 그 멤버의 15분의 1에 불과하다. 나 이외에 14명을 어떻게 뽑을지에 오랜 시간을 고심했다. 매주 토요일 오후 2시에 회사 사장과 2시간 정도 얘기를 하는 게 경영의 전부라고 생각하면 된다. 무대에 선다는 건, 육체적인 쾌락의 끝이다. 사업은 제정신에서 하는 거고, 무대는 환각상태에서 하는 것이라고 보면 된다.

■ 미쓰에이의 신곡이 나오고 2주 뒤에 신곡을 발표해 '팀킬'이라는 이야기를 들었다. 솔직히 조금 미안한 마음이 있지 않은가.

내가 아니었다면 미쓰에이가 4주 동안 1위를 했을지도 모른다. 정말 속상한 일이다. 지금처럼 차트가 빠르게 변하는 상황에서 2주 정도 텀이면 될 줄 알았다. 그래서 진짜 미안한 마음에 밥을 샀다. 미쓰에이에게도 이번이 사상 최고의 성적이어서, 한편으로는 좋아하고 한편으로는 아쉬워하고 그랬다.

■ 박진영과 미쓰에이가 4월 가요계를 휩쓸었음에도 음악방송 1위는 하지 못
했다. 시스템의 문제라고 보는데.

아쉽다는 생각은 하지 않는다. 음악 프로그램에 10대 중심의 역할
이 정해져 있기 때문이다.

■ 이번 신곡을 발표하고 여러 가지 기록이 썼다. 가온차트에서 2주 연속 주간
차트 1등을 한 건 최고령 기록으로 알고 있다. 뮤비 역시 유튜브에서 1,000
만 뷰를 넘었다.

최고령이 붙는 건 다 의미가 있다. 내 목표가 오래도록 가수를 하
는 거다. 그래서 항상 멀리 보고 준비했다. 그때그때 1위를 하든지
못하든지는 의미가 없었다. 10년 뒤, 20년 뒤가 중요했다. 가요 대상
을 타고 난리를 치면 뭐하나. 옛날에 대한민국을 들었다 놨다 했던
가수라는 게 무슨 의미가 있는가.

■ 개인적으로 생각해봤는데, 추억을 얘기하는 〈토토가〉는 박진영과 맞지 않
은 것 같다.

1990년대 가수로 불리는 게 싫다. 내 전성기는 2030년이다. 그게
내 꿈인데 마치 나의 전성기가 1990년대라고 말하는 게 생각만 해
도 끔찍한 것이다. 2030년이면 환갑이다. 그때 전성기를 맞이 하기
위해 먹고 싶은 거 안 먹고 힘들게 살고 있다. 1990년대 가수로 남

을 거면 이런 고통을 왜 감수하겠는가.

■ 환갑 이후에는 가수를 은퇴하겠다는 말인가.

그때까지만 가수를 하겠다는 게 아니라, 환갑까지 20살 때보다 춤을 잘 추겠다는 거다. 근력부터 순발력까지 잘 유지해서 팬들에게 보여주고 싶다. 그래서 지난 3년간 몸에 하나씩 실험들을 시작했다. 식사와 실생활이 몸에 영향을 미치니 의학과 생물학을 공부했고, 체력 유지도 꾸준히 하고 있다. 그랬더니 몸이 거꾸로 가는 거다. 평생 스킨케어란 걸 받아본 적이 없는데 주름살도 없어지더라.

■ 그럼 17년 뒤에는 어떻게 할 것인가.

그때는 20대 때보다 잘해야 된다는 생각을 하고 있다.

■ 〈K팝스타〉에서 논란이 있었다. 심사 중에 얘기했던 대위법 같은 부분이 사실과 다르다는 글이 올라왔다.

그런 부분이 담론이 됐다는 것 자체가 정말 중요한 일이라고 생각한다. 21년간 가수 활동을 하면서 이런 계기로만 음악적인 이야기를 할 수 있다는 게 참 슬픈 일이다. 악기 구성을 얘기하고 화성학을 얘기하는 게 음악 잡지에서나 가능한 건데, 우린 음악 잡지가 없으니까. 가요 전문 기자는 있어도 음악 전문 기자는 없는 게 현실이다. 아마도 이런 논란 속에서 공부를 시작한 친구들이 최고의 수혜자가 될 것이다.

■ 참가자의 노래를 평가할 때 가장 감정 표현에 솔직한 것 같다.

원래 감정의 기복이 크다. 감정의 기복이 크지 않았다면 20년간 500곡을 쓸 수 없었을 것이다. 내가 오버를 하지 않는다면 그걸로 끝날 것 같다는 생각도 한다. 작곡가나 가수로서. 모든 창작품은 과잉된 감정에서 나온다고 생각한다.

■ YG 양현석 대표와는 사이가 어떤가.

형이 나를 많이 아껴준다. 물론 나도 형을 좋아한다. 그러다가도 '아, 형 쫌' 이런 건 있다. 형도 마찬가지다. 둘 다 댄서로 시작해 가수를 하다가, 지금은 제작자가 된 경우이다. 우리의 과거는 문라이트(나이트클럽)이다. 굉장히 특이한 경우이다. 지금도 신인가수들이 나오기 전에 배틀을 한다. 전통처럼 하는 거다. 최초는 비와 세븐이었고, 그 다음에는 빅뱅과 2PM이었고, 최근에는 위너와 갓세븐이 했다. 물론 할 때마다 자기들이 이겼다고 생각한다.

■ **지금까지 제작한 가수 중 본인의 마음에 100퍼센트 들게 만들어진 가수는 있는가.**

그건 어렵지 않다. 데뷔가 가장 오래 걸린 가수 지소울이다. 연습생 생활만 14년을 했다. 그 아이는 진짜다. 사탕도 뿌리고, 꿀도 바르고 해야 되는데 얘는 그냥 진짜인 거다. 스튜디오J라는 레이블을 만든 것도 지소울 같은 친구들이 색깔을 유지하도록 만들기 위해서이다. 나는 지소울이 아주 천천히 자신의 음악 세계를 설득시키는 가수가 됐으면 한다.

■ **2AM은 멤버들이 다른 회사로 흩어졌다. 서운하지는 않았나.**

나는 일을 의리로 한다는 말이 정말 싫다. 의리로 남는 것도 원하지 않고, 내 마음이 동하지 않는데 의리로 제작할 수도 없다. 진운이랑 최근에 KBS 2TV 〈우리동네 예체능〉에 출연하니, 다들 이상하게 보더라. 나는 그게 더 이상했다. 계약기간을 성실하게 이행하고 나간 것에 대해 서운해하면 형이 아닌 거다. 그건 이기적인 거다. 진운이가 옮기기 전에도 선술집에서 상의를 했다. 미스틱 얘기를 하기에 좋은 회사 같다는 얘기도 해줬다.

■ **1990년대에는 '야한 노래=박진영이다'라는 이런 상징이 있었다.**

그때는 야한 곡이 내 노래의 4분의 1 비중이었다. 내가 만든 야한 노래들은 솔직하다. 나는 슬픈 노래도, 기쁜 노래도, 야한 노래도 솔직하게 썼다. 야한 노래가 솔직한 게 항상 문제가 됐다. 받아들이지 못한 것 같다. 그쪽으로 특화된 이미지를 갖고 싶거나 그렇진 않았다. '촛불 하나'도 내가 만들었고, '너의 뒤에서'도 내가 썼다. 내가 어떤 상징이 된다면, 자신을 끝까지 괴롭힌 사람으로 남고 싶다. 팬들의 사랑을 당연하게 느끼지 않았던 사람, 팬들에게 미안해서라도 무대 위에서 멋지기 위해 괴롭게 살았던 사람으로. 그 다음에는 편법이나 반칙 등 불공정한 게임을 싫어했던 사람으로 기억되고 싶다.

■ 연예계에도 편법이나 반칙이 만연하는가.

한국 사회는 기득권자들이 새로 진입하는 사람을 너무 힘들게 한다. 어른들이 젊은이들을 너무 힘들게 하고, 젊은이들은 사는 게 너무 빡빡하다. 청년들이 반칙하는 어른들에게 질렸다. 나는 그런 어른이고 싶지는 않다. 밑에서 올라오는 애들을 막는 어른, 젊은이들은 거기에 절망한 거 같다.

■ 아직도 미국 진출의 꿈을 가지고 있나.

그때로 돌아가도 똑같은 선택을 할 거다. 확률이 51퍼센트는 됐으니까. 세계 금융위기라는 건, 내 노력과는 상관없는 것 아닌가. '지난 4년의 청춘을 다 바쳤는데 왜 금융위기로 내 꿈을 접어야 해'라는 생각이 든다. 앞으로도 51퍼센트의 확률이 있다면 다시 나갈 거 같다.

■ 가수와 작곡가와 경영인의 비중을 말하자면.

지금의 난 가수가 30퍼센트, 작곡가나 프로듀서가 40퍼센트, 경영이 30퍼센트 정도 되는 것 같다.

■ 하루 일과는 어떻게 되나.

새벽 1시부터 오전 7시까지 잠을 잔다. 대부분의 작곡가가 새벽에 작업하는데 그러면 생물학적으로는 좋지 않다. 그러면 평생 일을 못한다. 모든 영감은 뇌세포에서 나오는데 건강해야 된다. 뇌세포 혈관 속의 피가 양질이어야 된다. 그래서 나는 아침에 곡을 쓴다. 아침에는 백지 상태라 가사나 멜로디가 잘 떠오른다. 그리고 오후에는 경영과 관계된 일을 한다.

■ 지금의 박진영을 있게 한 세 사람을 엔터테인먼트 업계에서 꼽는다면?

작곡가 (김)형석 형이 없었으면 지금의 나는 없었을 것이다. 지금처럼 작곡을 못 했을 것이다. 돈도 안 내고 배웠다. 형의 고급 작곡 기술과 작곡 이론을 날로 먹은 거다. (김)건모 형 백댄서일 때 형은 건모 형 작곡가였다. 그때 저 사람 옆에 달라붙어야겠다는 생각을 했다. 윤명선 한국음원제작자협회 회장은 1994년부터 1999년까지 내 매니저였다. 단 한 번을 지각한 적이 없다. 아파서 쉰 적도 없다. 그렇게 성실했는데 내가 군대 가는 것까지 보고 작곡 공부를 시작했다. 그리고 '어머나' '까만안경'으로 히트를 쳤다. 진심으로 대단하다고 생각했다. 우리 JYP 정욱 대표도 소중하다. 지난 10년간 나의 모든 통장과 인감을 갖고 있었다. 정욱 대표가 내 돈을 빼갔어도 몰랐을 거다. 의심을 해본 적도 없다. 우리의 신뢰는 대단하다. 상대방이 속일 확률이 없다고 생각하는 파트너이다. 그 친구가 들어와서 내가 크레이티브한 일에 더 많은 시간을 쓸 수 있게 됐다. 한마디로 날 살렸다.

■ 심사위원 박진영이 봤을 때, 소리 반 공기 반이 가장 잘 되는 사람은 누구인가.

손석희 앵커다. 같이 뉴스 인터뷰를 하면서 깜짝 놀랐다. 발성이 완벽했다. 이 목소리로 노래하면 죽이겠다는 생각을 했다. 15& 예린이도 잘한다. 내게 공기 반 소리 반을 가르쳐준 선생님에게 배웠다.

■ 한창 부진한 JYP가 왜 3대 기획사냐는 말도 있었다.

20대 때도 내가 3대 가수인지 궁금하지 않았다. 관심도 없었다. 10~20년 뒤에 멋있는 가수가 진짜다. 2015년에 3대 기획사인지가 무슨 의미가 있겠는가. 그런 단면이 아니라, JYP의 긴 선이 의미를 가져야 할 거 같다. 개인적인 목표를 그런 데 둬야 실족을 하지 않는다. 개미와 베짱이에서 개미처럼 사는 베짱이고 싶다. 남들이 보면 베짱이인데 뒤에서는 개미처럼 사는 것. 하지만 개미처럼만 계속 사는 건 싫다. 베짱인데 개미보다 더 열심히 하는 게 좋다.

■ **향후 K-POP의 전망을 어떻게 보는가.**

팝송과 가요를 생각하면 된다. 유행을 하다 결국 로컬 아티스트가 다시 자리를 잡는다. 지금 중요한 건 로컬 아티스트와 로컬 음악을 우리가 만드는 일일 것이다. 그래야 시대 흐름을 타지 않고, 오래 성장할 수 있는 발판이 되는 것이다. 그러기 위해서는 일본·태국·중국 친구들을 가르치고 키워나가는 일이 중요하다. 우리 음악도 이젠 팝송을 많이 따라 잡았다고 생각한다. 그런데 음악 수준은 그 뒤에 철학을 담아내지 못하고 있다. 대중음악의 역사가 짧아서 그런 거다.

※ YG엔터테인먼트 양현석 대표, JYP엔터테인먼트 박진영 대표의 인터뷰는 일간스포츠에 실린 것을 재가공 한 것임.

대중문화를 읽으면 세상을 앞서간다

Part 4
K-POP
비즈니스 트렌드

16

홍대, 다양성을 사수하라

　　획일화된 사고와 사회가 얼마나 슬픈 결말을 낳는지 너무나 잘 알면서도 우리는 가끔 그 사실을 까맣게 잊는다. 익숙한 일상이 주는 안도감에 빠지는 순간, 미래는 사라진다. 예술이라면 더욱 그렇다. 때로는 명명백백 무의미해 보이는 것에 계란을 던지고, 때로는 사회의 갖은 금기에 도전해온 역사는 자신들이 발붙이고 있는 문화가 가진 가능성과 다양성을 끊임없이 시험해온 장이다.

　　2015년 2월 27일 금요일. 평소처럼 사람과 흥으로 넘쳐나던 홍대 일대를 장악한 기운은 그 가능성과 다양성을 향한 소리 없는 외침과도 같았다. 이날, 2000년 대 초입부터 매달 마지막 금요일만 되면 홍대 일대를 주름 잡았던 홍대의 명물 '라이브클럽데이'가 부활했기 때문이다. 이제는 하루가 멀다 하고 열리는 홍대와 합정을 중심으로 한 각종 이벤트들의 원조이기도 한 바로 그 '라이브클럽데이'가 돌아온 것이다. 2011년 1월 마지막 인사를 관객들과 나눈 뒤, 꼬박 4년 만이었다.

그토록 오랫동안 음악 팬들을 기다리게 한 때문일까, 다시 돌아온 라이브클럽데이의 라인업은 그야말로 휘황찬란했다. 이디오테잎, 구남과여라이딩스텔라, 솔루션스, 서울전자음악단, 옐로우 몬스터즈, 눈뜨고코베인 등, 지금 인디 신에서 음악성과 관객 동원력 모든 면에서 인정받고 있는 뮤지션들의 총집합 같은 모양새였다. 티켓 가격은 단돈 2만 원. 라인업에 포함된 한 밴드의 단독 공연 값에도 미치지 않는 저렴한 가격이었다.

4년이라는 결코 짧지 않은 공백에도 불구하고 라이브클럽데이가

라이브클럽데이 참가 중인 CH5 _ 라이브클럽데이 제공(Photo by CHESTER)

이렇듯 화려하게 부활할 수 있었던 건 무엇보다도 이 행사에 참여한 참여진들의 높은 공감대와 희생정신 덕분이었다. 앞서 서술한 다시 돌아온 라이브클럽데이 1회 참가 뮤지션들은 물론 고고스2, 에반스 라운지, 클럽 에반스, 클럽 타, 프리버드, 클럽 FF, 레진코믹스 브이홀, KT&G 상상마당, 벨로주, 프리즘홀 등 '다시 클럽데이 하자'라는 말 한마디에 선뜻 마음을 더한 클럽들도 마찬가지였다. 끊이지 않는 악재와 거부할 수 없는 시대의 흐름, 세상 무엇보다 앞선 시장논리로 스러져가고 있는 홍대를 지켜야 한다는 간절하고 애틋한 마음이 모여 부활시킨 축제, 그것이 바로 라이브클럽데이였다.

인기클럽 이탈, 땅값, 세월호 등의 연이은 악재들

이렇듯 홍대 터줏대감 역할을 자청한 라이브클럽데이의 시작은 2001년 즈음으로 거슬러 올라간다. 그해 3월 홍대에 위치한 댄스 클럽 위주의 클럽데이가 첫 출발을 알렸고, 그로부터 3년이 지난 뒤 밴드가 직접 출연해 연주하는 라이브 클럽들이 중심이 된 클럽데이, 일명 '사운드데이'가 새롭게 출범했기 때문이다. 서로 양립하며 3년여간 행사를 지속해온 양측은 2007년, 서로 손을 잡고 '클럽데이'라는 큰 명의 아래 함께 행사를 진행하기로 합의한다. 전에 없이 크고 아름다워진 축제에 팬들은 하나 같이 열광했지만, 안타깝게도 내부는 조금씩 곪아가기 시작했다. 10년이라는 세월 동안 변하지 않은 정체된 구조 덕에 차곡차곡 쌓인 매너리즘도 매너리즘이었지만, 가장 큰 문제는 인기 클럽들의 연이은 라인업 이탈 선언이었다. 굳이 특정 행사로 묶이지 않아도 충분히 사람을 모을 수 있었던 이들은 행사 횟수를 더해갈수록 더 이상 클럽데이와 함께할 필요성을 느끼지 못했고, 이들의 이탈이 남긴 충격은 흥행에 고스란히 반영되었다.

이리저리 흔들리던 클럽데이는 결국 2011년 1월 열린 117회를 끝으로 잠정 중단을 선언한다. 그리고 그렇게 홍대 앞을 대표하는 문화 콘텐츠로 10년 이상 사랑받았던 행사가 사라진 자리, 홍대는 그 어느 때보다도 빠른 속도로 쇠락하기 시작했다. 이들이 자리를 비운 건 고작 4년이었지만, 그 사이 홍대와 인디 신을 둘러싼 상황은 4년 간의 변화라고는 믿을 수 없을 정도로 변해 있었다.

가장 큰 문제는 역시 '땅값'이었다. 클럽데이가 잠정 중단되던 4년 전 3,500만 원 수준이었던 홍대 일대 도로변 땅값은 어느새 6,000만 원으로 껑충 뛰어 있었다(3~4제곱미터 기준). 건물 임대료 역시 30평 기준 월 150만 원에서 250만 원대까지 치솟으며 약 4년 만에 대략 60퍼센트 이상 상승했다. 덕분에 사운드데이 당시 함께 행사를 꾸렸던 11개의 클럽 가운데 2015년에도 생존신고를 보낸 곳은 에반스, FF, 고고스, 프리버드, 클럽 타 등 5곳뿐이었다. 지난 10년간, 홍대 라이브 클럽 생존률은 50퍼센트 이하를 밑돈 셈이다.

더욱 슬픈 건 클럽데이의 근간이자 존재의 이유인 밴드 생태계 역시 과히 좋지 않은 상황이었다는 점이다. 척박한 현실에도 불구하고 새롭고 반짝이는 이들은 계속해서 등장했지만, 신 전체를 둘러싼 공

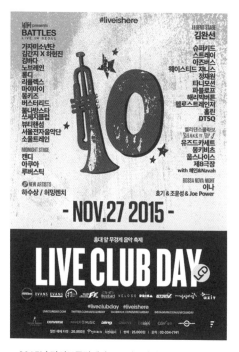

2015년 라이브클럽데이 포스터 _ 라이브클럽데이 제공

기는 점점 탁해지고 있었다. 대표적인 변인으로 2011년 첫 방송을 시작한 KBS 2TV의 〈TOP밴드〉를 드는 관계자들이 적지 않았다.

클럽 에반스의 사장이자 클럽협동조합의 대표이기도 한 홍세존 대표의 이야기를 들어보자.

"〈TOP밴드〉를 통해 장미여관 같은 밴드가 유명해지며 스타가 탄생하기도 했지만, 그렇게 유명해진 밴드들이 어느 순간부터 홍대에서 공연하기를 꺼려하면서 클럽 자체는 오히려 사정이 나빠졌다. 또 〈TOP밴드〉가 방송된 2년 동안 프로그램 출연을 목표로 음악의 방향이 바뀐 영향도 적지 않다. 그러면서 펑크 밴드도 많이 없어지고, 모던 록 쪽도 리스너 위주의 음악이 많이 만들어지면서 신 자체와 클럽의 공생관계가 많이 허물어졌다."

프로그램이 클럽 신에 끼친 영향을 직접적으로 토로한 것이다. 여기에 더해 2014년 봄, 음악계는 물론 한국 사회 전체를 강타했던 세월호 사건의 여파도 이어졌다. 이쯤이면 홍대에서 무사히 살아남겠다는 희망 자체가 무모해 보일 지경이었다.

홍대를 둘러싼 수많은 사람의 염원

이러한 각종 악재에도 클럽데이가 라이브클럽데이라는 이름으로 다시 태어날 수 있었던 건, 역시 홍대라는 장소를 둘러싼 수많은 사람의 추억 어린 애정과 염원, 정성 덕분이었다. 11월 말 진행된 10회 행사까지 예매 2만 원, 현매 2만 5,000원으로 동결되어 진행된, 놀라울 정도로 저렴한 티켓 가격은 그 정성을 직접 눈으로 확인할 수 있는 증거다. 오로지 라이브클럽데이와 홍대 공연문화의 활성화를 위해 라이브 클럽과 공연장, 뮤지션 모두가 개인적인 이익이나 상식적인 개런티를 포기하고 연대하고 있는 상황이다. 주최 측은 이렇게 실상을 밝히고 있다.

"(실제로) 참여 아티스트 대부분이 일반 공연에 비해 3분의 1 수준의 섭외료를 받고도 적극적으로 참여해 클럽들의 부담을 줄여주고 있다."

　일견 훈훈한 일이지만 행사와 신의 지속가능한 미래를 생각하면 더 없이 불안할 수밖에 없는 품앗이 구조이다. 이 불안한 구조의 극복과 축제의 생명력 강화를 위해 주최 측도 다양한 아이디어로 도전하고 있는 중이다. '라이브 클럽에는 록밴드만 공연한다'는 고정관념을 타파하기 위해 힙합 뮤지션들과 결합한 무대를 선보이거나(3회), 해외 아티스트의 내한 공연과의 콜라보레이션(배틀즈Battles 내한공연, 10회)을 꾀하는 등 음악적인 부분에 있어서의 새로운 시도들은 물

라이브클럽데이에 참가 중인 크래쉬 _ 라이브클럽데이 제공(Photo by UniEYE)

라이브클럽데이에 참가 중인 구남과여라이딩스텔라 _ 라이브클럽데이 제공(Photo by SEAN)

론, KBS 인터넷 방송 플랫폼 'myK'를 통한 공연 현장 실시간 생중계 등 기존 '라이브클럽데이'가 흡수하지 못했던 새로운 팬층을 영입하기 위한 노력이 이어지고 있다. 그 가운데 네이버 뮤직의 '뮤지션 리그'와 결합한 특별 무대 '오픈 쇼케이스'는 가장 주목할 만한 시도다. '뮤지션 리그'를 통해 내가 뽑은 신인 밴드를 그 달의 라이브클럽데이 무대에서 직접 만날 수 있는 이 새로운 개념의 실시간 루키 프로그램은 그대로 라이브클럽데이의 미래이기도 하다.

"뮤지션 리그를 통해 새로운 뮤지션 발굴에 주력해 축제 활성화의 원동력으로 삼을 계획이다. 앞으로 이들과 함께 새롭게 부활시켜 나가는 홍대 인디 문화의 재탄생을 기대해달라."

주최 측의 포부이다. 단지 유명 뮤지션들의 유명세나 티켓파워에 기대어 생명연장의 꿈을 꾸는 것이 아닌, 스스로 새로운 활로를 개척해나가는 부지런함과 성실함이다. 장고 끝에 다시 돌아온 '라이브클럽데이'가 마지막까지 지켜내야 할 가치다.

한국 음악의 다양성과 가능성을 위해

라이브클럽데이 주관 공연기획사 컴퍼니에프에 따르면 11월 말 10회를 바라보고 있는 행사의 평균 관객 수는 2,000여 명 안팎이다. 화제를 불러일으키며 부활을 알렸던 1회 관객 수가 2,200명이었던 것에 비하면 큰 낙차 없이 꾸준히 관객몰이에 성공하고 있다는 분석

라이브클럽데이에 참가 중인 뷰렛 _ 라이브클럽데이 제공(Photo by arg0naut)

이다. 이러한 안정세 덕에 행사는 지난 8월 누적 관객 수 1만 명을 가뿐히 돌파하며 앞으로도 이어질 라이브클럽데이 2기의 미래를 밝게 만들어주고 있다. 라이브클럽데이 부활을 기점으로 설립된 라이브클럽협동조합의 활약이나 행사를 통해 얻어지는 수익을 모든 클럽이 동등하게 나누는 구조 역시 홍대 신을 둘러싼 청신호이다.

조금 늦었지만 어쩌면 이쯤에서 다시 한 번 '왜?'라는 질문을 던질 사람이 있을지도 모르겠다. 지금까지 나열한 모든 사실에 대한 질문, 홍대는 '왜' 지켜야만 하고, 사람들은 '왜' 개인적인 이익을 포기하고 연대하고 있으며, 라이브클럽데이는 '왜' 지속되어야만 하는가라는 근원적 궁금증 말이다. 이에 대한 대답은 이미 정해져 있다. 글의 서두에서 이야기한 한국 음악 신의 '가능성'과 '다양성'을 담보하는, 적어도 지금 눈에 보이고 손에 잡히는 몇 안 되는 보루이기 때문이다.

하지만 그 당연한 가치를 다시 몇 번이고 강조하고 싶지는 않다. 오히려 그저 받아들이고 싶다. 우리에게 아직 '홍대'라는 공간이 있고, 그곳에서 열리는 라이브클럽데이라는 행사가 그곳의 존재를 매달 확인시켜 준다는 사실을 기억하고 싶다. 우리의 홍대가, 다양성과 가능성이, 이렇게 한 달씩 생명을 유지해나가고 있다는 사실을 말이다.

17

멀티 비즈,
연계성과 전문성에 집중하라

•° 엔터테인먼트 업계에서는 10년 전만 해도 상상도 할 수 없는 일들이 벌어지고 있다. 시가총액 1조 원을 바라보는 가요 기획사가 출현한 것이다. 시가총액 금액보다 더 놀라운 건, 이들이 벌이는 신사업의 종류다. 게임부터 패션, 외식사업까지 손을 대지 않는 분야가 없다. 사업 다각화를 이끄는 건 공룡기업 SM과 YG다.

최근 엔터테인먼트 업계에서도 코스닥 상장사들이 늘어나고, 사업 안정화를 이루는 방편으로 시작한 사업 다각화 전략은 2016년에도 이어질 것으로 전망된다. 엔터테인먼트 사업은 워낙 변동이 심하기 때문에 탄탄하게 꾸리기 어렵다. 따라서 엔터테인먼트 위주로 외부 전문가들을 수혈해 갖가지 사업에 뛰어드는 형편이다. 심지어 두 회사가 시작한 사업을 챙겨보는 것만으로 하루 일정을 정리할 수 있을 정도다.

　YG가 론칭한 패션 브랜드의 옷을 입고, SM이 삼성동에 세운 복합문화회관에서 데이트를 즐긴다. YG의 돼지고기 전문점에서 저녁을 먹고, SM의 카페에서 하루를 정리하는 것이다. SM과 YG, 두 회사의 움직임은 엔터테인먼트사들에게는 길을 열어준다. 이들이 움직였다면, 엔터테인먼트사들의 미래 먹거리가 될 가능성이 충분하기 때문이다. SM과 YG는 어떤 비전을 보고 신사업에 뛰어들었을까. 이들이 크게 그리고 있는 그림을 엿봤다.

YG 신사업의 핵심은 양현석 대표의 관심

　YG의 중심은 양현석 대표다. 그의 생각이 YG의 DNA이며, 그의 의도가 곧 YG의 길이 된다. 양 대표의 최근 관심은 음악 외에도 패션, 의류, 외식 사업 등에 꽂혀 있다. 지드래곤 같은 패셔니스타 콘텐츠를 신사업과 연관시켜 사업 진행과 투자 등을 쉽게 가져가는 기획이다.

　YG에서 최근 가장 눈에 띄는 행보는 외식 사업 진출이다. 이 또한 양 대표의 작품이다. 양 대표는 10년 전부터 홍대의 명물로 자리 잡은 '삼거리 포차'를 운영했고, 홍대와 강남 등지 클럽의 지분도 갖고 있다.

　YG의 자회사인 YG PLUS는 지난 6월 35억 원을 투자해 YG푸즈를 설립했다. '외식업 미다스의 손'으로 불리는 노희영 전 CJ 그룹 고문을 영입하여 돼지고기 전문점 '삼거리 푸줏간'을 열었다. 또한 국내 시장을 넘어 동남아 시장으로의 진출을 검토하고 있다. 글로벌 브랜드로 확장하겠다는 의지다. 음식 사업으로의 확대는 YG에 안정적인 캐시카우가 될 가능성이 크다.

YG가 최근 시작한 게임 사업과 패션 사업은 YG 콘텐츠가 결합한 대표적 사업이다. YG는 중국 최대 인터넷 서비스 및 게임 서비스 기업 텐센트와 게임 제휴를 맺고 공동 사업을 한다. 모바일 게임 기대작인 '전민초신'을 론칭했고, 전속 모델은 빅뱅이 맡았다. 빅뱅은 각종 이벤트 및 프로모션에 참여하게 된다.

제일모직과 공동설립한 '네추럴나인'의 글로벌 영스트리트 캐주얼 패션 브랜드 '노나곤'은 이제 자리를 잡았다. 지난해 9월과 올해 1월 서울 압구정동 갤러리아 백화점 명품관, 10꼬르소꼬모, 비이커 등 국내 유력 편집 매장과 함께 이탈리아 밀라노, 중국 상해, 홍콩 등 글로벌 패션도시의 편집매장에도 팝업 스토어를 개설했다. 이 밖에도 일본 진출을 본격화했고, 싱가포르, 대만 역시 입점을 앞두고 있다. LA와 댈러스에 기반을 두고 있는 하이엔드 셀렉숍 'TRAFFIC LA'에도 입점을 확정지었다. YG 아티스트들은 노나곤 브랜드를 적극 활용하며 브랜드 모델 역시 YG 아티스트들이다.

신기술, 신개념을 앞세운 SM 문화사업

SM은 일단 문화 사업에 포커스를 맞춰서 규모를 키워가고 있다. 서라운드 뷰잉, 홀로그램 공연 등 기술력이 필요한 문화 사업이 대표적이다. 하지만 최근에는 모바일·온라인 사업에 이어 음식 사업까지 진출하며 SM 콘텐츠와의 시너지를 기대하고 있다. SM은 지난 3월 게임 소프트웨어 개발, 인터넷 광고업, 캐릭터 사업, 전자지급결제대행업, 인터넷 방송업 등을 목적으로 하는 SM모바일커뮤니케이션즈를 설립했다. 온라인과 모바일에서 주목받는 사업들을 모두 영위하게 된 것이다. 또한 SM은 프리미엄 레스토랑과 카페 숨을 론칭했다. 자회사인 SM F&B에서 브랜드를 키운 뒤 향후 해외 법인도 세울 방침이다. 음식, 게임 사업은 YG의 신사업과 겹친다.

눈여겨볼 점은 SM이 신기술, 신개념을 앞세워 시작한 문화 사업이 좋은 평가를 받고 있다는 점이다. SM은 삼성동 코엑스에 복합문화공간 'SM타운 코엑스아티움'을 오픈해 한류 관광명소로 자리 잡았다. 가수들의 콘서트 실황을 3면 와이드로 중계하는 서라운드 뷰잉도 최근 각광받고 있다. 콘서트 실황 영상을 상영해, 마치 현장에 있는 것처럼 생생하게 공연을 즐길 수 있다. 브라질·칠레 등 지구 반대편에서 열리는 공연을 한국에서 실시간 생중계로 시청할 수 있다는 점이 매력적이다.

홀로그램 공연은 아티스트가 실제로 무대에서 공연하는 듯한 리얼한 현장감이 느껴지는 최첨단 기술이다. 시공간의 제약 없이 팬들이 쉽고 편리하게 아티스트들의 생생한 공연을 감상할 수 있다. 나아가 홀로그램과 실제 인물의 인터렉티브적 구현으로 홀로그램의 영역을 다양하게 활용하고 확장하여 퀄리티 높은 다채로운 콘텐츠 제작이 가능하다.

섣부른 사업 다각화보다 전문성에 집중하라

SM과 YG의 신사업은 새로운 성장 동력을 확보하고, 기존 사업의 리스크를 분산하기 위해서다. 사실상 가요기획사의 업무와 사업만으로는 성장에 한계가 있을 수밖에 없다. 그렇기 때문에 시가총액 1조 원 시대를 준비하는 공룡 기업으로의 도약을 위해서 신사업은 선택이 아닌 필수이다.

포스트 SM, YG를 꿈꾸는 엔터테인먼트사들 역시 두 회사의 신사업 추진 결과를 주목할 수밖에 없다. 아직은 신사업 추진보다는 내실을 다져 상장을 준비하지만, 두 회사가 진출했다는 건 엔터테인먼트사들의 미래 동력으로 보기에 충분하기 때문이다.

결과적으로 신사업 추진은 시가총액 1조 원 돌파를 위한 열쇠가 될 것으로 보인다. 신사업 추진 발표에 주가가 들썩이고 있기 때문이다. SM은 지난해까지 엔터대장주 자리를 굳건히 지켰다. 하지만 YG의 사업 다각화 기세에 눌리면서, 대장주 자리가 엎치락뒤치락했다.

2015년 9월 시가총액은 SM이 8,776억 원으로 8,669억 원의 YG

에 앞서 있다. 하지만 주가는 5만 7,700원의 YG가 4만 2,500원의 SM보다 높다. 코스닥 시가총액 순위로는 SM이 23위, YG가 26위에 올랐다.

엔터테인먼트사들의 신사업 진출에 대해서는 물론 부정적인 시선도 있다. "최근에는 SM에서 어떤 신곡이 나오든, YG에서 어떤 가수가 컴백을 하든 주가 호재로 작용하지 않는다. 그 효과가 미비하다. 반면 신사업에 대한 반응은 뜨겁다. YG나 SM에서 신사업을 발표하면 즉각 반응이 나온다. 상황이 이렇다 보니, 엔터테인먼트사들이 본업인 제작 활동에는 관심이 적고, 신사업에만 집중하는 게 아닌가 싶다. YG나 SM처럼 연예 사업이 단단하고 튼튼해 뒷받침을 해줄 수 있는 상황이 아니라면, 섣부른 사업 다각화의 효과는 부정적일 것이다"라는 견해다.

전망도 그렇게 밝다고만 보기에는 힘들다. 한류 콘텐츠를 보유하고 있기에 사업 초기 투자나 사업 론칭이 쉬울 수는 있지만 결국은 경쟁이다. 엔터테인먼트 사업에 뿌리를 둔 회사이기 때문에 뷰티, 외식, 패션 등의 분야에서는 당연히 전문성이 떨어질 수 있다. YG가 노나곤 브랜드를 론칭하면서 파트너로 제일모직과 함께한 것이 그 이유가 될 수 있다.

신사업은 선택이 아닌 필수라고 했다. 먼저 치고 나간 YG와 SM은 전혀 다른 노선을 택했다. YG는 패션이나 뷰티, 외식 사업을 진행하면서 전문성이 떨어지는 분야에서는 과감하게 다른 회사와 업무 협약을 맺고 전문가를 영입했다. SM은 일단 전문성이 높은 분야, 즉 문화 사업 쪽에 집중해 투자하고 있다. 두 회사가 가는 길의 향방과 성패는 2016년에 더 확실하게 보일 것이다. SM과 YG, 두 회사를 더욱 관심 있게 지켜봐야 하는 이유이기도 하다.

18

중국 시장,
노다지인 듯 노다지 아닌
노다지 같은 너

•• 시장은 돈이 풀리는 곳에 형성된다.

K-POP의 경우 5~6년 전부터 일본 시장이 그랬다. 나갔다 하면 떼돈을 벌어와 K-POP 장사꾼들에게는 노다지로 불렸다. 하지만 이제는 광맥도 예전같이 풍요롭지 않다. 한류 거품이 많이 걷히면서 K-POP 장사꾼들의 눈은 일본 외에 또 다른 시장으로 쏠리고 있다.

그 시장이 중국 대륙이다. 13억을 넘어서는 인구, 전 세계에서 가장 급성장한 경제력, 이제 막 꿈틀대고 있는 문화 소비에 대한 관심 등이 합쳐져 가장 이상적인 시장으로 꼽혔다. 소문난 잔치에 먹을 것이 많았다. 적어도 드라마 예능 시장은 그렇다. 국내에서 B급 정도로 구분되던 배우들도 몇 년 고생하더니 편당 1억 원을 받아간다. 이후 진출하는 배우들도 예사로 1억 원을 부른다.

국내 A급 배우들이 중국 예능 프로그램에 출연하면 개런티로 5억 원을 챙겨가기도 한다. 중국 방송국의 넘치는 자본력 덕분에 가능한 일이다. 하지만 K-POP 시장은 그보다 신통치 않다. 특히 공연 시장이 그렇다. 빅뱅, 엑소, 소녀시대 급을 제외하곤 공연을 해도 이문을 남기기 어렵다는 얘기가 나왔다. 실제로 2015년에 중국에서 K-POP 가수들의 단독 콘서트는 오히려 줄었다. 무한한 가능성을 갖고 있다던 중국 시장에 도대체 무슨 일이 벌어진 걸까. 아직은 뭐라고 판단할 수 없는 중국 시장을 어떻게 접근해야 할까.

너무 높은 개런티로는 안 된다

무엇보다 확실한 것은 일본 시장과 같은 방식으로 중국 시장에 접근해서는 안 된다는 것이다. 일본에서 시장이 한창 호황일 때 1만 석 이상 팔리는 공연은 부지기수였다. 한국에서 어느 정도 인기를 얻고 나가면, 1만 석 규모의 아레나 공연이 가능했다. 그래서 K-POP은 최대 호황기를 맞았다.

일본 시장의 거품이 빠지면서 제작자들은 중국 시장으로 눈을 돌렸다. 초반 반응은 좋았다. K-POP의 인기는 실체가 뚜렷해 보였다. 한국에서 부르는 대로 개런티를 주고 가수들을 데려왔다. 공연 입장 수입의 절반 정도를 내놓은 경우도 있었다. 여기서 두 가지 문제가 발생했다.

예상했듯이 첫 번째는 개런티가 너무 비쌌다는 것이다. 일본에서 초반 한류가 잘나갔던 건 주 소비층의 구매력이 어마어마했던 덕분이다. 그만큼 팬의 연령대가 높았다. 반면 중국 시장의 팬층은 여전히 낮다. 10~20대가 대부분이기 때문에 구매력이 높을 수 없다. 티켓이 많이 나갈 수 없는 상황인데 개런티로 티켓 수입의 40퍼센트를 가져가는 아티스트도 있다. 이럴 경우 5,000석 이상을 파는 그룹을 제외하곤 이문이 남지 않는다. 그런데 중국 시장에서 5,000장 이상을 팔 수 있는 가수는 빅뱅, 소녀시대, 엑소 정도다.

그 외 우리가 익히 아는 A급 그룹들도 중국 시장에서 3,000장 이상 팔기가 쉽지 않다. 그런 상황에서도 40퍼센트 이상의 개런티를 요구하면 공연 업자들은 등을 돌릴 수밖에 없다. 더 놀라운 사실은 가수들이 노 개런티라고 해도 타이틀 스폰서가 붙지 않는다면 공연 성사가 쉽지 않은 상황이다.

업계 관계자들의 하소연이다.

"작은 공연의 경우 스폰서가 없다고 해도 항공료, 대관료, 무대 시스템, 숙박, 차량, 통역까지 2억 원 이상은 투입된다. 티켓 가격을 평균 10만 원으로 잡아도 2,500장 이상은 팔아야 경비를 뺄 수 있다. 그런데 2,500명 이상을 불러올 수 있는 가수는 몇 팀 안 된다. 여기에 개런티까지 줘야 하는 상황이라면 공연을 할 수 없다."

한국에서도 개런티로 티켓 매출의 25퍼센트 이상은 부르면 안 된다. 그러면 공연이 망한다. 그런데 초기 일본에서나 지금의 중국에서는 40퍼센트 이상을 부르는 가수들이 많다. 티켓을 5,000장 판다고 했을 때 평균 매출은 5억 원이다. 그러면 개런티로 1억 원 정도를 부르면 맞다. 하지만 최하 2억 원 이상을 부른다. 그렇기 때문에 공연이 이루어지지 않을 것이라는 이야기다.

잦은 공연도 문제다

공연이 너무 잦은 것도 문제다. 1년에 한두 번이나 볼 수 있는 해외 가수라면 그만큼 희소성은 떨어진다. K-POP 가수들이 공연을 할 때 일반적으로 팬들이 쓰는 돈은 최대 100만 원까지 된다는 분석이다. 티켓 값에 가수들이 중국에 머무르는 동안 쫓아다니는 비용이나 아티스트에 전달할 선물에 숙박비까지 한두 푼이 들어가는 게 아니다.

그런데 한류 공연은 거의 매주 볼 수 있다. 동남아와 중국 팬들의 소득 수준이 크게 올라가지 않는다면 너무 공연 횟수가 많은 것은 분명해 보인다.

해외에서 K-POP 공연의 프로모터로 활동하고 있는 한 관계자의 말이다.

"A 그룹의 경우 매년 공연을 한다. 한해에 두 번 오는 경우도 있다. 스타도 지치고 팬들도 지칠 수 있다. 해외 스타들의 경우 2년에 한 번꼴로 투어를 하는 게 일반적이다."

물론 매년 공연을 할 수도 있다. 그러기 위해서는 새로운 히트곡이

일본에서 활동 중인 방탄소년단 _ 빅히트엔터테인먼트 제공

2곡 이상씩은 있어야 한다. 매년 보는 공연이 똑같다면 그것은 큰 문제가 된다는 것이 그의 지적이다. 반면에 이번 빅뱅의 중국 투어가 좋았던 건, 〈MADE〉라는 히트 앨범이 있어서라고 한다. 매년 같은 곡이라면 팬들도 등을 돌릴 것이라는 분석이다.

다른 문제점도 많다. K-POP이 중국의 대중음악보다 레벨이 높다는 건 일반적 상식이다. 하지만 중국 현실에 맞지 않게 너무 많은 대접을 요구하고 있다는 의견도 있다. 매출을 고려하지 않은 무대나 의전 등을 바라는 행위 말이다.

또 다른 공연 기획사 대표가 한국 기획사와 스타들에게 자성을 부탁하는 말을 남겼다.

"올해 방탄소년단이 되는 걸 보면 알 수 있다. K-POP은 중국에서 분명히 인기다. 하지만 좋아하는 것과 공연을 보러오는 건 별개의 문제다. 정말 좋아하지 않는다면 어렵다."

반면 김수현의 해외 팬 미팅을 올바른 사례로 꼽았다. 한류 톱스타인 김수현이 팬 미팅 개런티로 받아가는 돈은 불과 4만 달러 정도다. 한국 톱가수가 국내에서 받아가는 돈의 절반밖에 안 되는 가격이다. 하지만 김수현과 소속사 키이스트 측은 이 가격이 적정하다며 개런티로 20만 달러를 주겠다는 제안서를 반려했다는 후문이다.

이유가 뭘까. 김수현은 자신이 개런티를 많이 가져가면 공연의 질이 낮아진다는 걸 잘 알고 있기 때문이라고 한다. 그래서 오히려 높은 가격을 주겠다는 업자와 계약하지 않고, 적정 수준의 금액을 제시한 업체와 팬 미팅을 진행했다는 것이다. 또한 팬 미팅은 소규모로 진행해야 된다는 김수현의 지론도 영향을 미쳤다. 최대 2,500석 이상의 공연은 하지 않기로 했고, 모든 혜택은 팬들에게 돌아가게 했다는 훈훈한 전언이다.

중국 시장이 한국 문화를 얼마만큼 개방할지가 관건

미래는 아직 아무도 모른다. 그만큼 중국 시장의 문화 소비가 걸음마 단계인 것도 사실이다.

중국의 최대 동영상 스트리밍 사이트인 인웨타이 시잉 대표가 10

월 서울 동대문디자인플라자^{DDP}에서 개막한 '2015 서울국제뮤직페어'에서 한 이야기이다.

"인웨타이 콘텐츠의 30퍼센트 이상이 K-POP 콘텐츠다. 발전 가능성이 아주 크다."

지금까지는 한국 엔터테인먼트 업체가 중국 시장에 진입을 시도하는 단계였다. 한국에서 인기를 얻은 가수가 중국에서 공연하거나, 대형기획사가 중국에 자회사를 설립하는 수준이었다. 그러나 앞으로는 단발성 행사를 여는 대신 중국 현지에서 많은 시간을 들여 활동하는 것이 더 많은 수익을 얻는 방법이라는 것이다.

하지만 어려움도 분명히 있다. 아직 중국에서 큰돈을 벌었다는 사람이 없다. 국내 유명 가수도 마찬가지다. 중국 시장이 크지만 아직은 잠재 시장이라는 이야기다. 중국 시장에서의 향후 계획과 관련해 기획사들은 인지도를 높이고 아티스트의 활동 기회를 늘려야 하는 게 맞다. 여기에 대해 CJ E&M은 지속적으로 할 수 있는 비즈니스 모델을 만들어나가기 위한 구상도를 세웠다.

1단계는 현지 중국 아티스트들에게 투자해 중국 시장을 조사·검증하는 단계다. 2단계는 중국 파트너를 찾아서 공동제작 형태를 만들어 지분도 찾고 권리도 만드는 단계이다. 3단계는 우리가 주체가 되는 게 목표다. 중국은 법적으로 한국인이 51퍼센트 이상의 지분을 가져갈 수 없게 되어 있다. 어느 순간 중국의 자본력 앞에서 힘을 쓰지 못하는 타이밍이 올 것이라는 전망이다. 때문에 그 전에 자생할 수 있는 연속성 있는 사업을 갖는 것이 중요하다는 판단이다. 우리가 대주주가 못 된다는 것은 언제든지 쫓겨날 수 있다는 뜻이다. 참 힘들고 불안한 상황이다.

그런데도 중국 시장은 열려 있다. 지금 K-POP 제작자들이 가장 공들이고 덤비는 시장 또한 중국이다. 중국 시장의 매력이라면 역시 어마어마한 내수 경제력에 있다. 인구가 14억이다. 우리의 20배가 넘는다. 단순하게 계산해도 내수 시장만 잡으면 천문학적인 돈을 벌 수 있다는 계산이다.

중국은 여전히 사회주의 국가이다. 빠르게 산업화되고 있지만, 현재로서는 우리 것을 가지고 사업의 주체로서 돈을 벌기는 힘든 구조이다. 결과적으로 중국 시장이 얼마만큼 한국 문화에 문호를 개방할지, 자유경제 속에서 경쟁이 가능해질지 그리고 그 시간이 얼마나 빨리 올지 등이 2016년에 찾아야 할 과제들로 보인다.

19

차트 브레이커, 보이지 않는 손

•❖ 어떤 업계나 불법 유통 문제는 골칫거리다. 2015년 가요계도 음원 문제로 떠들썩했다. 제일 먼저 음원 사이트의 추천제 이슈가 터졌다. 곪을 대로 곪았던 '음원 사재기' 논란 역시 가요계를 뒤흔들었다. 음원 사재기 문제는 불법 유통의 가장 고질적이고 난제라는 측면에서 더욱 심각하게 바라볼 필요가 있다.

결과적으로는 아쉬움만 남겼다. 추천제 이슈는 밝은 방향으로 개선되기 시작했다. 하지만 음원 사재기 이슈는 이슈로 끝날 가능성이 커졌다. 누구나 음원 사재기 문제는 알고 있지만, 브로커를 잡아내지는 못했다. 점점 더 음지로 들어가 작업한다는 이야기도 들린다. 공공연하게 알고는 있지만 실체를 잡지 못해 포기해야 하는 것만큼 큰 병폐도 없다.

그래도 절대 해결 기미가 보이지 않던 문제점이 수면 위로 떠올랐고 유통사, 협회, 가요 기획사 등이 제도 개선을 위해 머리를 맞댔다는 점만큼은 평가받을 만하다. 하지만 당장은 이 문제가 쉽게 뿌리 뽑힐 것 같지는 않아 보인다.

음원 사재기에서 무엇이 문제이고, 무엇을 해결해야 할까. 그 실상을 분명하게 아는 게 이 문제를 해결하는 첫걸음일 것이다. 음원 불법 유통의 문제는 우리 대중문화의 판도를 바꿔놓는 중요한 문제이기도 하다. 한 시대의 문화를 재는 척도인 대중문화를 불법 유통업자들의 손에 맡겨두어서는 안 될 것이다.

스트리밍도 무한 반복, 사재기 논란도 무한 반복

2013년 음원 사재기 문제가 공론화되었을 때 가요 3사가 합심해 브로커를 검찰에 고발했지만, 사건은 흐지부지 종결됐다. 그러다 2015년 음원 사재기 이슈가 또 터졌다. 이번에는 JTBC 〈뉴스룸〉이 멜론의 동일 패턴 아이디를 문제 삼아 음원 사재기 벌집을 쑤셨다. 한 그룹의 팬으로 가입된 아이디를 분석했을 때, 동일 패턴의 아이디가 무려 1,300여 개가량 있었다는 것이다. JTBC 측은 사재기 브로커들이 이 아이디를 생성한 것으로 봤다. 아이디를 여러 개 만들어 다수의 스마트폰을 이용해 스트리밍과 다운로드를 무한대로 반복하는 수법으로 차트 순위를 조작했다는 것이다.

이 보도 직후 중소기획사는 물론, 사재기의 주범으로 몰린 대형기획사도 크게 환영했다. 음원 사재기 관련 보도가 어제오늘 일은 아니지만, 이번 기회에 불법의 뿌리를 완전히 뽑자는 것이다.

음원 사재기를 척결하자는 데는 뜻을 같이 했지만, 동일 패턴 아이디가 브로커들의 짓인지는 의견이 갈렸다. JTBC가 주목한 아이디들은, 예를 들어 A001·A002 같은 패턴으로 알파벳과 숫자가 조합됐다. 동일 패턴 아이디가 팬들의 작품이라는 쪽은 여기에 주목했다.

한 가요 기획사 임원의 말이다.

"사재기가 어제오늘의 일이 아닌데, 전문 브로커라면 이런 식으로 아이디를 생성하지는 않는다. 이렇게 쉬운 배열로 만들었다가는 이번 뉴스처럼 다 걸릴 수밖에 없다. 너무 허술하다. 눈 가리고 아웅 식으로 언젠가는 문제될 게 뻔한데 이런 식으로 작업했을 리가 없다."

그는 이를 잘못된 '팬심'의 산물로 봤다. 방송에서도 동일 패턴 아이디가 스트리밍과 다운로드를 했다고 한다. 그게 순위에 어떻게 작용해서 어떤 결과를 가져왔는지에 대한 보도는 없었다. 실질적인 증거도 없었다. 결국은 추측해볼 수밖에 없다.

이에 맞서는 또 다른 한 가요 기획사 대표의 말을 들어보자.

"아무리 팬이라도 동일 패턴 아이디를 1,300여 개가량 만든다는 게 말이 되지 않는다. 전문가들이 투입됐다고 본다. 브로커들의 작업으로 보인다. 대형기획사들은 상장이 되면 불법 활동에 돈을 쓰지 못한다고 하지만, 대형기획사들이 영업 매출 이외로 벌어들이는 현금을 볼 때 충분히 가능한 일이라고 생각한다. 상장사는 특히 가수들의 실적이 중요하다. 내가 상장사 대표라도 위험한 제안에 솔깃할 수 있을 것이다."

이에 대해 멜론 측은 "A001·A002 같이 냄새가 나는 아이디들은 관찰을 하고, 실제 아이디들이 곡 순위를 높이는 데 동원됐다는 증거들이 보이면 즉각 사용을 중지시킨다. 21일 방송에서 보도된 아이디들이 록이 걸린 아이디인지는 확인할 수 없지만, 충분히 걸러낼 건 걸러내는 작업을 하고 있다고 볼 수 있다"라며 아주 심플하게 대답했다.

사태가 여기까지 확산되자 2013년과 마찬가지로 대형기획사 수장들이 직접 나서, 음원 사재기를 뿌리 뽑자고 나섰다. 음원 사재기의 주범 중 하나가 대형기획사로 꼽히는 상황에서 놀랄 만한 상황이었다. YG는 언론을 통해 "음원 사재기 보도를 두 팔 벌려 환영한다"라는 뜻을 전했다. JYP의 수장 박진영은 직접 JTBC 스튜디오에 나와 "음원 사재기를 제안받은 적이 있다"고 밝히기도 했다.

이 사안에 대한 YG 양현석 대표의 말을 들어보자.

"음원 사재기는 수능에서 성적을 조작하고, 운동경기에서 점수를 조작하는 것과 같다. 대중을 기만하고 다수에게 큰 피해를 주는 심각한 범죄행위이다. 불법 업체 한둘 잡아내는 게 문제가 아니다. 기획사와 가수, 불법을 알고도 방치한 음원 업체가 있다면 모두 철저한 수사가 이뤄져야 한다. 순위 조작은 이 세상 가장 큰 범죄 중 하나라고 본다. 철저히 조사해서 신상공개를 해야 막을 수 있다."

하지만 이 사안에 대한 대형기획사 수장들의 말이 어딘지 모르게 공허하게 들리는 건 왜일까. 음원 사재기의 주범으로 의심받고 있는 사람들이 바로 이들이기 때문일 것이다. 보이지 않는 손, 어디까지가 옳고 그른지에 대한 진실 게임은 여전히 공방으로 남아 있다.

음원 추천제, 쓸데없는 갑질 조장

국내 음원 서비스 점유율 1위(55.9퍼센트)의 멜론이 뜨거웠다. 이른바 추천제를 이용한 '갑질 논란' 때문이었다. 추천제 문제가 어제오늘 일은 아니지만, 국회 교육문화체육관광위원회 소속 새누리당 이상일 의원은 다음과 같이 지적했다.

"멜론이 음원 추천 기능을 남용해 음원 시장의 공정성을 훼손하고 있다!"

그의 지적으로 다시 한 번 수면 위로 떠올랐다. 이후 일부 가요 제작자들은 시장이 아주 심하게 곪았다, 음원 시장이 건전하려면 추천제부터 폐지해야 한다는 목소리를 높이고 있다. 추천제의 문제를 살펴보고 존폐 여부를 전망해보았다.

'음원 추천제'가 쓸데없는 '갑질'을 조장한다는 의견에는 동의한다. 추천제가 폐지되어야 멜론과 제작자들의 기울어진 운동장이 개선될 수 있는 여지가 있다. 왜일까?

먼저 추천제가 갖는 파워를 살펴보자. 현재 음원이 소비되는 대표적인 채널이 멜론 실시간 차트인 톱 100이다. 멜론 추천 곡은 톱

100 차트에서도 1위곡 위에 포진한다. 가장 눈에 띄는 자리다. 시간당 15분씩 4곡이 돌아가는 방식으로 추천 곡에 선택되면 하루 총 24번 노출된다. 제작자들로서는 차트에 진입하기 위해서는 로엔과 멜론 담당자들에게 사정이라도 할 수밖에 없는 상황이다.

예를 들어 9월 13일 오후 4시 기준 멜론 모바일 버전의 추천 곡은 총 4곡이다. 놀라운 점은 4곡의 발매사가 모두 로엔이라는 점이다. 몬스타엑스 '신속히', 업텐션 '위험해', 전진 'Wow, Wow, Wow', 린의 '사랑은 그렇게 또 다른 누구에게'가 해당 곡이다.

이런 구조는 어떻게 탄생한 걸까. 음반유통사인 로엔은 2009년 SK텔레콤이 운영하던 온라인 음원 판매 서비스인 멜론을 넘겨받았다. 음반 유통사가 음원 플랫폼을 갖는 구조가 가능해졌다. 자사 유통 곡을 음원 사이트 추천 곡으로 올려, 더 쉽고 빠르게 매출을 올릴 수 있는 '꼼수'가 가능해졌다는 얘기이다. 물론 이는 멜론만의 문제는 아니다. Mnet이나 KT뮤직 등 유통과 플랫폼을 동시에 운영하는 업체 모두에게 해당된다.

문제는 멜론의 몸집이 다른 업체와 비교할 수 없을 정도로 크다는 데 있다. 멜론 추천을 잡느냐 못 잡느냐가 제작자의 능력을 보여주는 지표 중 하나로 인식될 정도다. 그만큼 가요계에 끼치는 영향력이 거대하다. 멜론의 국내 유통시장 점유율은 30퍼센트, 플랫폼 점유율은 56퍼센트에 달한다. 쉽게 말해 로엔이 결정하고 멜론이 밀어주면 '곡 하나 띄우는 게 어렵지 않다'는 말이 된다.

멜론 측은 자사 유통 곡을 띄워주기 위한 추천은 없었다고 못 박왔다. "이런 이슈들이 지적될 때마다 시장의 상황에 맞게 개선을 노력해왔다"라는 게 로엔 측의 입장이다. 실제 2년 전 추천제 문제가 불거졌을 때는 추천제 운용을 대폭 축소하며 업계의 목소리에 귀를 기울였다. 로엔이 유통하는 곡의 30퍼센트 중에는 킬러 콘텐츠가 많이 포함되었기 때문에 로엔 곡의 추천 비중이 높다는 것이다. 하지만 로엔 측은 기준을 왜곡하면서 추천에 걸지는 않는다고 주장한다. 또한 유통 곡이라도 무조건 추천에 걸면 로엔 사이트의 신뢰도만 떨어뜨리는 꼴이라는 것이다.

음원 사이트의 공정성을 해치는 주범

"추천제는 반드시 폐지돼야 한다."

이는 현장의 목소리다. 유통사들이 자신들의 유통 음원들 위주로 추천하는 일이 비일비재했던 것은 사실이다. 이는 공정한 순위 차트를 만드는 데 저해되는 가장 큰 요인일 수 있다. 추천제·가요 프로그램 순위제와 함께 '가요계 3대악'으로 꼽히는 음원 유통사들의 일명 '마이킹(선급금)' 문제도 있다. 이른바 선급금을 주고 유통 수수료를 많이 떼 가기 때문에 유통사의 음원들 위주로 추천할 수밖에 없다는 것이다. 이런 구조라면 대형기획사 외에 영세 사업자들은 돈 벌기가 무척 힘들다. 성공 확률이 5퍼센트도 안 된다.

심지어는 유통사에서 선급금을 주고 수입에서 그 금액을 우선 변

제한 뒤, 유통 수수료를 20퍼센트 이상 떼어가는 경우도 있다고 한다. 이건 도박판에서 선이자 떼고 돈 빌려주는 것과 같은 논리이다. 그렇다면 힘없는 제작자들은 그렇게라도 해야 유통사에서 추천이라도 걸어주기 때문에 울며 겨자 먹기 식의 악순환이 계속될 수밖에 없다. 결과적으로 선급금으로 음원을 제작하는 행위부터, 추천제까지 한 묶음으로 비판받아야 할 가요계의 구조적 암 덩어리라는 비판이다.

추천제에 대한 비판이 높아지면서 변화가 일어났다. 기대도 안 했던 일들이 현실이 됐다. 바로 음원 사이트 추천제 폐지가 결정된 것이다. 추천 서비스는 음원차트의 공정성을 훼손하는 주범으로 지목돼왔다. 실시간 차트를 보면 추천 곡은 1위 위에 포진해 있다. 가장 눈에 잘 띈다. 차트에 있는 곡을 전체듣기 하면 추천 곡은 자동적으로 재생 목록에 포함된다. 이런 '이득'이 있기 때문에 차트 진입이 쉬워진다. 유통사와 음원 사이트를 동시에 운영하는 회사라면, 자사 유통 곡을 추천 곡에 꼭 포함시키는 폐단이 발생하기 쉽다.

이런 문제점을 개선하자는 시작은 엠넷닷컴이 시작했다. 엠넷닷컴을 운영하는 CJ E&M 안석준 대표는 음원 추천제를 폐지하겠다는 확고한 의지를 갖고 있었다. 그리고 결국 2015년이 가기 전에 "끼워팔기식 음원 추천 서비스를 폐지하겠다"고 발표했다. 유통사로서는 깜짝 놀랄 만한 결정이었다. 여기에 소리바다, KT뮤직, 지니, 올레뮤직 등이 동참을 확인했다.

국내 음원 서비스 점유율 1위(55.9퍼센트)의 멜론 역시 이러한 흐름에 큰 압박을 받고 있다. 하지만 추천제 고수 입장은 여전하다.

다음은 그들의 입장이다.

"사용자들에게 곡을 소개하는 역할에서의 추천제는 꼭 필요하다. 하지만 '공정성' 등의 문제점을 개선하겠다."

멜론은 긴 싸움을 끝낼 수 있을까

음원 사재기 문제가 뜨거웠지만, 결국 브로커를 잡았다는 이야기는 끝끝내 나오지 않았다. 문제 인식이 브로커 고발, 고소로 이어지지 않았다는 것이다. 결국은 기획사들의 목소리만 높았지 모두가 피해자인 동시에 가해자가 아니었느냐라는 말이 나올 수밖에 없는 상황이다.

한 바이럴 업체 대표는 브로커를 고발할 수 있다는 지점부터 회의적이었다. 사재기 브로커는 '유령' 같은 존재라는 것이다. 사재기가 이뤄지는 건 한국이 아닌 중국에서인 경우가 많다. 국내 가요기획사에 브로커들이 접근을 했다지만, 이메일이나 추적이 불가능한 문자메시지 등으로 접근했을 것이다. 돈 거래 역시 증거가 남지 않는 현금으로 하는 게 상식이다.

이런 상황에서 고소·고발로 이어진다고 한들 음원 사재기의 실체를 제대로 파헤치는 데까지 확대될지는 여전히 미지수다. 2013년 4개 기획사에서 고발을 진행하면서 녹취 등 여러 가지 정황 중

거 자료들을 확보했다. 하지만 음원 사재기가 워낙 입증이 어렵다. 이번에도 고발이 된다고 해도 수사가 수월하게 이뤄질지 확신할 수 없는 문제다.

사태가 이쯤 되자 음원콘텐츠협회에서도 나섰다.

"음원 사재기를 기술적으로 100퍼센트 차단하기는 어렵고, 해킹이나 바이러스처럼 새로운 패턴으로 진화되기 때문에 제도적·정책적·기술적 조치가 동시에, 지속적으로 수반되어야 실질적인 효과를 거둘 수 있을 것으로 기대된다. 음원 사재기 문제를 업계에서 해결하지 못하면 영원히 해결하지 못할 것이라는 생각으로 민관이 총력의 힘을 기울여야 한다. 빠른 시일 내에 관련 법안을 통과시키고 기술적인 대책들을 고도화하여 사재기가 근절될 수 있도록 최선을 다하겠다."

하지만 멜론 측에서 본인들의 데이터를 전부 공개할 의지가 있다면 사재기를 근절할 수도 있다. 멜론 측은 사재기 문제를 중요하게 보고는 있지만, 동일 패턴 아이디를 공개하거나 차트 내에서 이상 흐름을 잡아내서 공개하는 등의 노력은 기울이지 않고 있다.

사재기와 관련해 멜론 측은 방지를 위해 최선의 노력을 다하고 있다거나, 순위가 왜곡될 만한 큰 흐름은 보이지 않는다라는 등의 발언에 그치고 있다. 멜론이 인식을 바꾸고 문제해결을 위해 나서야 음원 사재기와 관련된 이 길고 긴 싸움은 끝이 날 것으로 보인다. 해결이 안 될 것 같은 문제도 계속 공론화되다 보면 언젠가는 문제의 실체가 밝혀질 수밖에 없을 것이다.

이번에 실체를 잡지 못한 음원 사재기 문제는 앞으로 더욱 빈번하게 문제가 제기될 것이고, 그때도 과연 피해갈 수 있을지는 두고 볼 문제다. 음원 사재기는 어쩌면 가장 복잡하게 얽혀 있는 유통의 구조 문제일지도 모른다. 이 문제의 실체를 파악한다면 다른 유통 문제에서도 더욱 빨리 해결점을 찾을 수 있을 것이다.

20

아이돌 굿즈,
황금알을 낳는 거위인가?

∵ 하나의 콘텐츠를 판매하기 위해 또 하나의 콘텐츠를 제 작하는 것은 이제 문화 산업에서는 상식처럼 여겨지는 일이다. 부록 을 받기 위해 잡지를 사고, 사은품을 받기 위해 수만 원 어치 책을 사 는 소비자들이 당연시 되는 세상이다. 그런데 사실 이러한 각종 MD 상품, 통칭 굿즈^Goods라 불리는 이 흐름의 시작은 아이돌 문화와 떼려 야 뗄 수 없는 깊은 연관을 가지고 있다. 하나의 콘텐츠로 손가락으 로 셀 수도 없을 만큼 다양한 2차 상품들을 만들어온, 그리고 앞으로 도 만들 수 있는 무궁무진한 가능성을 가진 곳이 바로 아이돌 시장 이기 때문이다.

그 규모와 가치에 비해 비교적 조용한 나날을 보내고 있던 이 시 장에 지난 8월, 때아닌 날벼락이 떨어졌다. 서울 YMCA 시민중계실이 아이돌 MD상품, 일명 아이돌 굿즈 가격이 지나치게 비싸다며 공정거래위원회에 정식으로 조사를 요청한 것이다. 당시 이들이 조사 대상으로 지정한 건 SM과 YG 두 곳이다. 아직 요청에 불과할 뿐 조사에 착수한 상황도 아니었지만, 그럴싸한 '떡밥'을 기다려온 매체들에게 이보다 반가운 소식은 없었다. 9시 뉴스에서 라디오 아침 시사 프로그램들까지, '10대들의 순수한 팬심(스타를 생각하는 팬의 마음)'을 이용한 '도를 지나친' 상술이라는 자극적 제목을 이용해 아이돌 굿즈 산업을 향한 원색적인 비난을 쏟아냈다.

하지만 아이돌 굿즈 산업을 과연 그렇게 단순히 재단하고 단죄할 수 있을까. 안타깝게도 당시 대부분의 보도는 논란의 대상이 된 굿즈 산업 시장의 구조는 물론 아이돌 산업 전반과 아이돌 문화에 대한 기초적인 이해가 부족한 채 목소리만을 높이는 일종의 '논란을 위한 논란'처럼 보였다. 실제로 당시 수십만 원대의 굿즈를 팬심만으로 구입했다는 현장 인터뷰로 논란의 불씨가 된 한 아이돌그룹의 팬은 직접 자신의 SNS를 통해 해당 인터뷰가 악의적으로 편집되었다는 반박글을 올리기도 했다. 공연을 보기 위해 총 얼마를 지출했느냐는 질문에 한 회 10만 원 전후의 공연 티켓 비용까지 포함한 금액을 이야기했지만, 전후 맥락이 편집된 채 지출 단위만 자극적으로 방송되었다는 주장이었다.

이렇듯 맥락 없는 오해에 휩싸인 채 언론과 여론의 뭇매를 맞은 아이돌 굿즈. 이것은 과연 사랑의 심리를 이용한 악의적인 상술에 불과한가, 아니면 음악계가 놓아선 안 될 황금알을 낳는 거위일까. 이에 대한 대답은 2015년 현재 아이돌 신 안에서 MD 산업이 차지하고 있는 위치에 대한 대략적인 지형도를 알아보는 것에서 출발해야 할 것이다.

아이돌 콘텐츠의 모든 것이 굿즈화

아이돌 굿즈 산업은 지난 수년간 나라 안팎으로 전에 없는 호황을 맞이한 아이돌 신의 성장과 함께 발맞춰 성장해왔다고 해도 과언은 아니다. 만일 당신이 '아이돌 굿즈'라는 단어에서 아이돌의 얼굴이 가득 채워진 브로마이드나 포스터, 포토 카드, 부채 등의 물건만을 떠올렸다면, 갈 길이 멀어도 너무 머니 정신을 바짝 차리도록 하자. MD상품계의 조상님이라고 할 수 있는 해당 물품들은 2015년 산 아이돌 굿즈 진열 선반 위에서는 좀처럼 쉽게 찾아보기 힘든 품목들이다.

그렇다면 최근 가장 각광받고 있는 아이돌 굿즈는 무엇일까. 다름 아닌 '일코' 가능 상품들이다. '일반인 코스프레'의 약자인 일코는, 2010년 이후 종과 횡 모두 급속도로 성장한 다양한 연령층의 아이돌 팬덤에게는 빼놓으려야 빼놓을 수 없는 개념이다. 우습지만 '아이돌을 좋아해도 괜찮다'는 상징적인 나이대인 10대를 넘어선 20~30대 혹은 그 이상의 팬들을 위해 다양하게 고안된 물품들은 해당 아이돌의 얼굴이 아닌 대표 로고나 특정 컬러를 이용한 에코백, 티셔츠와 양말 등은 물론 비누나 향초 등의 생활용품들까지 손을 뻗친 상태다. 특정 아이돌의 로고가 선명하게 새겨져 있는 네임 태그를 단 젤리병에 눈길이 닿는 순간, 이건 '장난이 아니다'라는 현실적 자각이 들어야 옳다. 캐릭터를 이용한 콜라보레이션도 끊이지 않는다. SM은 청소년층에게 인기가 많은 캐릭터 '라바'와 손을 잡았고, YG는 자사 대표 캐릭터 '크렁크'를 적극적으로 활용한 마케팅을 펼친다. 음악과 소장에 관심이 많은 팬들을 위한 한정 LP 발매도 심심치 않게 이뤄진다. 그야말로 아이돌 콘텐츠를 이용한 '모든 것'이 굿즈화되고 있는 셈이다.

이런 현상에 대해 업계 관계자들은 '당연한 현상'이라고 입을 모은다. 모 엔터테인먼트 업체 관계자는 다음과 같이 설명한다.

"1세대 아이돌이 흥했던 시기의 굿즈 시장과 지금의 시장은 하늘과 땅 차이다. 당시에는 '오빠'와 같은 것을 나누고 싶어 하는 10대 팬층이 대부분이었다면, 지금은 '오빠'와 관련이 있는 것들로 자신의 삶을 채우고 싶어 하는 다양한 연령대의 팬이 존재한다. 아이돌 음악신의 성장과 함께 패션, 문화계 등으로 자신의 적성을 살려 뻗어나가고 있는 아이돌그룹 멤버들의 다양한 성장도 팬들의 시야를 넓히는 좋은 자극제가 되고 있다."

원 소스 멀티유즈의 최전방에 선 아이돌 굿즈 산업

실제로 2015년의 아이돌 굿즈 산업은 '산업'이라는 말이 더할나위 없이 어울리는 규모로 확장해가고 있다. 과거의 스타 MD 산업이 오프라인, 특히 공연장 중심으로 형성되었던 것에 비해 최근의 추세는 업계 성장세에 발맞춘 다각화·기업화에 초점을 맞추고 있는 형상이다. 자사 아이돌 콘텐츠를 활용한 단독 오프라인 숍 운영은 기본이고, 인터넷 쇼핑 업계의 거대 성장에 발맞춘 온라인 숍 운영도 심심치 않게 늘어나고 있는 추세다. 자사 안에 굿즈 제작과 기획을 전담하는 인원을 따로 배치하거나 부서를 신설하는 업체도 꾸준히 늘어나고 있다.

이 흐름의 선봉에 서 있는 건 역시 업계 1인자 자리를 수년째 놓치지 않고 있는 SM이다. 2013년 1월 롯데 본점 영플라자에 연 임시 매장 'SM 타운 팝업 스토어'가 총 12일간 6억 3,000만 원이라는 기록적인 매출을 올린 뒤, 머지않아 삼성동에 위치한 'SM 타운 코엑스 아티움'에 정식 매장을 오픈했다. 4층짜리 건물의 한 층 전부를 활용한 이 거대한 매장은 동방신기, 소녀시대, 샤이니, 엑소 등 SM을 대표하는 간판 뮤지션들의 각종 이미지를 이용한 기발한 상품들로 가득 차 있다.

2014년 사업 보고서에 따르면, SM의 MD 사업 수익은 약 290억 원으로 회사 총매출 2,870억 원의 약 10퍼센트에 달하는 숫자다. 얼핏 적은 비중처럼 느껴지지만 정식 매장이 오픈하기 전 공연장과 임시 매장 판매분만을 집계한 결과라는 점과 음반/음원 매출 수익 455억 원에 비해 결코 적지 않은 숫자라는 사실에 주목할 필요가 있다. 금융권에서는 정식 매장을 연 2015년 굿즈 상품 매출을 지난해보다 두 배 늘어난 580억 원으로 추정하고 있는 상황이다.

YG의 움직임도 발 빠르다. 이들이 가장 큰 정성을 들이고 있는 곳은 온라인 몰 'YG SHOP'으로 빅뱅, 투애니원, 위너 등 대표 아티스트들을 활용한 다양한 상품을 만날 수 있다는 점에서 SM 아티움의 셀레브리티 숍 '숨SUM'을 온라인으로 옮겨놓은 듯한 인상이다. 인터넷을 기반으로 하고 있기 때문에 한류 관광객의 성지처럼 여겨지고 있는 숨에 비해 원하는 물건을 쉽고 빠르게 구매할 수 있다는 본래의 목적에 충실하게 운영되고 있다는 인상이 강하다.

대형기획사들을 제외한 중소기획사들의 움직임도 최근 심상치 않다. 이들은 대부분 소속 가수의 성공 이후 건립한 사옥을 적극적으로 활용하는 경우가 많다. 비스트, 포미닛으로 유명한 큐브엔터테인먼트는 청담동에 위치한 사옥 1층에 카페와 함께 운영되는 굿즈 숍을 운영하고 있고, 인피니트와 러블리즈, 넬을 보유한 울림엔터테인먼트 역시 성산동에 위치한 사옥에 'NIT SHOP'을 열어 아티스트 관련 굿즈 판매는 물론, 소속 가수의 무대 의상을 활용해 제작한 곰인형이나 가수가 직접 찍은 사진 등을 전시하는 전시관을 함께 운영하고 있다.

아이돌 굿즈 산업은 이제 단순한 물품 판매를 위한 것이 아닌 소속 가수와 기획사의 이미지까지 좌우할 수 있는 '원소스 멀티 유즈

One Source Multi Use' 체제의 최전방에 위치한 공격수의 자리에 위치한 것
이다.

멈추지 않는 굿즈 시장의 성장세

이러한 아이돌 굿즈 시장의 성장세는 당분간 이어질 것이라는 전
망이 지배적이다. 엔화 약세와 한류 열풍의 약화로 안정적인 수입원
이던 일본 시장이 흔들리고 있고, 2010년 이후 폭발적인 성장세를
기록하던 K-POP 신도 한숨 돌리며 내부의 움직임에 주목하고 있는
상황이기 때문이다. 아이돌 굿즈 그리고 그 상품들을 활용한 개성 있
는 공간은 그 자체로 전에 없던 다양한 시장을 형성하며 색다른 방
식으로 팬들을 유혹하고 있다.

YG가 1,000억 원을 투자해 경기도 의정부에 건설하고 있는 'K-
POP 클러스터'는 그런 사업 다각화의 끝판왕 같은 존재라고 할 수
있다. 소속 아티스트의 패션 및 화장품 등을 상품화한 뷰티 매장은
물론, 대규모 공연장과 스튜디오, 호텔 등이 결합된 거대한 공간은
그 모습 그대로 아이돌 산업이 궁극적으로 꿈꾸고 있는 꿈의 공간처
럼 보인다. 그 공간의 초석이 되어줄 아이돌 굿즈. 어쩌면 그들의 어
깨에 아이돌 산업의 미래가 달려 있는지도 모를 일이다.

Interview

"장르별로 팬덤이 생기면 시장 자체가 커진다"

CJ E&M 음악 사업 부문을 책임지고 있는 한류 전문가 **안석준 대표**

한류가 심각한 위기를 맞았다. 한류의 시발지인 일본 시장이 50퍼센트 이상 죽었다는 분석이 나오고 있다. 그 대안으로 꼽히던 중국 시장 역시 만만치 않다. 문을 활짝 열어놓은 것처럼 보이지만, 속사정을 모르고 하는 소리다.

힘들다고 손가락만 빨고 있을 수는 없다. 공청회부터 심포지엄까지 여러 가지 논의들이 이어지고 있다. 하지만 의미 있는 비전을 제시해줄 전문가는 많지 않다. '해결책'이라고 제시되는 논의들이 공허한 메아리로 그치는 이유이기도 하다.

그래서 안석준(46) CJ E&M 음악 사업 부문 대표를 만나, 한류가 나아갈 방향에 대한 이야기를 들었다. 안 대표는 CJ E&M의 음악 사업 부문을 책임지면서, 1년 중 절반 이상을 해외에 나가 있는 비즈니스 전문가다. 그 역시 "재작년부터 한류가 심각한 상황이었다"고 진단했다. 안석준 대표에게 한류의 현실과 CJ E&M이 가진 비전을 들어봤다.

▒ 한류 상황이 매우 좋지 않다고 한다.

재작년부터 심각한 상황이라고 느꼈다. CJ E&M이 1년에 콘서트를 200회 정도 하는데 그 중 30~40회는 해외에서 한다. 과거에는 A급이 아니어도 한국 아이돌 공연에 관심 있는 프로모터들이 많았다. 그런데 재작년부터는 공연을 하겠다고 손 드는 사람이 없다. 작년부터는 심지어 A급 아티스트도 힘들어지기 시작했다. 프로모터들의 관심이 사라지면서 공연을 하면 적자가 나는 상황까지 왔다. 그래서 한류가 심각하다는 생각을 갖게 됐다.

▒ 한류가 이런 상황까지 오게 된 이유는 뭔가.

난립이다. 아티스트도 너무 많았고, 공연 자체도 너무 많았다. 그러다 보니 양질의 관리가 안 된 거다. 기획사는 해외 공연을 단발적 행사 위주로 접근했고, 방송사는 옴니버스 형태의 공연을 내놓았다. 시장이 점점 좋지 않은 방향으로 가고 있었던 거다.

■ 일본 시장이 침체되면서 다들 중국 시장에 관심을 두고 있다.

중국 시장은 일단 규모가 크다. 단가나 수익 부분이 상상했던 것 이상으로 좋다. 사실 미국이나 유럽의 메인 주류 시장에 들어가긴 어렵고, 일본은 엔저 상태에 한류 시장까지 줄었다. 중국을 제외한 다른 아시아권 국가들은 기본적으로 시장이 작았던 데다, 이젠 한류 열기가 많이 식었다. 그래서 중국 시장이라고 말하는 거다. 그런데 아직은 중국에서 큰돈을 벌었다는 사람이 없다. 국내 유명 가수도 마찬가지다. 중국 시장이 크지만 아직은 잠재 시장이다.

■ CJ E&M은 어떻게 중국 시장에 접근할 생각인가.

기획사가 접근하는 것과 대기업이 접근하는 방식은 달라야 한다. 기획사는 중국 내 아티스트의 인지도를 높이고 아티스트의 활동 기회를 늘려야 할 것이다. CJ 같은 대기업은 지속적으로 사업할 수 있는 사업 비즈니스 모델을 만들어내는 거라고 본다.

■ 어떤 비즈니스 모델인가.

단계적으로 생각하고 있다. 1단계는 현지 중국 아티스트들에게 투자해서 중국 시장을 조사·검증하는 단계다. 2단계는 중국 파트너를 찾아서 공동제작 형태를 만들어 지분도 찾고 권리도 만드는 단계가 될 거다. 3단계는 우리가 주체가 되는 게 목표이다. 중국은 법적으로 한국인이 51퍼센트 이상의 지분을 가져갈 수 없다. 그러다 보니 어느 순간이 오면 중국의 자본력 앞에서 힘을 쓰지 못하는 타이밍이 올 거다. 때문에 그 전에 자생할 수 있는 연속성 있는 사업을 갖는 것이 중요하다. 우리가 대주주가 못 된다는 것은 언제든지 쫓겨날 수 있다는 뜻이기도 하다. 그게 참 힘들고 불안한 상황이다.

■ **중국 시장에서 제작도 시작한 것으로 안다.**

〈보이스오브 차이나〉 출신의 웨이천이라는 중국 아이돌을 제작했는데 반응이 좋다. 중국 회사와도 협업 중인데, 역시 CJ 차이나를 만드는 데는 51퍼센트 이상의 지분을 가져갈 수 없다는 문제가 있다. 대주주가 안 되면 역시 노하우만 알려주고 버려질 가능성이 있다.

■ **일본에서의 접근 방식은 그보다 수월했던 것 같은데.**

일본의 '빅터'라는 회사와 조인트 벤처를 해서 법인을 세웠다. 일본 회사와 법인을 낸 것은 우리가 최초다. 일본에서의 한류가 좋았다고는 하지만, 모든 권리를 다 뺏기고 결국 로열티 20퍼센트만 가져오는 수준이었다. 그래서 법인을 냈다. 지금은 한국 가수를 진출시키고 일본 가수는 일본에서의 유통과 해외 시장에 진출할 수 있는 길을 터주고 있다. 장기적으로는 일본 가수를 데뷔시키는 게 목표다. 결국은 콘텐츠의 현지화가 답이다. 콘텐츠는 권리를 누가 갖고 있느

나의 문제다. 일본 가수가 일본말로 노래를 해도 권리가 CJ에 있다면 결국 우리 가수고, 콘텐츠의 현지화를 이룬 것이라고 본다.

■ **CJ E&M 음악 사업 부문은 작은 회사들을 영입해 레이블로 두고 규모를 키우고 있다.**

CJ E&M도 과거에는 아티스트를 키우려는 시도들을 많이 했다. 그런데 일반인을 스타로 키우는 게 SM이나 YG의 길이라면 우리의 가장 큰 목표는 작은 기획사를 SM이나 YG처럼 키우는 것이다. 장르별로 그런 회사들이 많아지면 우리나라 음악 시장은 더 커질 것이다. 장르별로 팬덤이 생기면서 시장 자체가 커지는 거다.

■ **CJ E&M이 자선사업 하는 것 같은 이야기처럼 들린다.**

자선사업이 아니다. 그렇게 돼야 우리도 돈을 번다. 우리가 1년에 1,000억 원 가까이 투자를 하는데, 그 돈으로 빅뱅, 소녀시대를 만들라면 만들 수도 있을 것이다. 그런데 3년 투자해서 빅뱅 한 팀 만들면 우리 사업에 얼마나 도움이 되겠나. 그것보다는 장르별로 4개의 레이블을 가지고 있는 게 훨씬 더 큰돈을 크게 벌 수 있는 방법이라고 본다.

진정성 있는 제작자와 진정성 있는 가수면 된다. 장기적으로 이 사업을 진행할 사람이면서 새로운 아티스트를 발굴하고 키울 수 있는 능력이 있는 회사여야 한다. 그걸 장르별로 구성할 생각이었다. 올해 안에 4~5개 정도의 회사를 더 레이블화할 예정이다. 우리가 꿈꾸는 것은 아시아의 유니버셜뮤직 같은 회사가 되는 거다. 유니버셜뮤직도 보면 밑에 레이블들이 있다.

■ 부문장으로 취임한 지 5년째다. 어떤 성과를 얻었다고 생각하는가.

선급금을 줄여가려는 노력이 평가를 받고 있는 것 같다. 선급금이라고 하지만 대출이나 마찬가지다. 대기업은 아무 리스크를 지지 않고, 돈 빌려주고 유통 수수료라는 명목으로 이자와 수익을 가져간다. 우리는 선급금보다 공동제작 형태로 가고 있다. 마마무, 빅스, 블락비 모두 공동제작 형태로 진행됐다. 돈을 우리가 대고, 손해가 나도 리스크를 우리가 진다.

■ CJ E&M의 제작 수준은 어느 정도라고 보나.

첫 제작이 서인국 앨범이었는데 그때는 내부에서도 '네가 제작을 아냐'라는 이야기가 나왔다. 어려웠던 것도 사실이다. 가요 제작자들의 언어를 모르다 보니 협업도 안 되고, 오해도 생기고 그랬다. 그런데 이제는 다비치, SG워너비 같은 팀들도 우리와 계약하고 싶다는 이야기를 한다. 이제 기획은 물론 제작도 잘하는 수준까지 도달했다고 평가한다.

■ **CJ E&M이 문화 사업을 하면서, 골목상권을 침해한다는 얘기도 나온다.**

우리가 아직 시장을 좌지우지하는 수준이 못 된다. 하하! 오히려 CJ E&M이 왜 이것밖에 못 하냐는 소리를 들을 거 같다. 우린 문화 인프라 마련이나 신 비즈니스 모델을 도입해서 시장을 키우자는 사명감이 있다. 사실 기획사는 기획사밖에 생각을 못 한다. 개인 사업자이기 때문이다. 그런 시장이면 몇몇 기획사밖에 살아남지 못한다. 해외에 나가기도 힘들고. 나도 여러 회사를 다녀봤지만 오너의 관점이 다르다. 다른 데는 '저기가 돈이 되니까 돈 벌어와'란 관점이라면 이 회사는 '빨리 시장을 키워라'는 관점이다. 생각이 다르다.

■ **이렇게 가다 보면 가요계에 SM, YG, 로엔, CJ E&M만 남을 거라는 얘기도 있다.**

반대로 CJ E&M이 없다면 가요계에 SM, YG만 남지 않을까. 그러나 CJ E&M이 있다면 SM, YG와는 장르의 기획사, 다른 형태의 음악 비즈니스도 살아남는다고 생각한다.

■ **올해 역시 안산밸리락페스티벌을 총평하자면.**

록페스티벌도 정말 많았다. 그런데 이제는 다 나갔다. 사실 밑 빠진 독이다. 하지만 우리가 안 하면 지금 누가 그 많은 돈을 들여서 공연을 할 것인가. 사명감을 가지고 한다. CJ 광고판이란 비판이 나오지만 광고 틀고 그 돈 받아서 아티스트 개런티 주는 것이다. 우리의 꿈은 우리나라 최고의 페스티벌이 되고, 이후 아시아의 페스티벌이 되어서 중국 사람도 보러 오고, 일본 사람도 보러 오게 만드는 것이다. 여기에 한국 기업들이 들어와서 음악도 팔고, 패션도 파는 식으로 한국의 라이프스타일을 파는 쪽으로 아시아 최고의 페스티벌을 만드는 것이 꿈이다.

■ **그런데도 매년 사고가 난다.**

그렇다. 인프라가 너무 안 따라온다. 어떤 페스티벌은 차가 많아서 아티스트가 들어오지 못하는 상황까지 됐다고 하더라. 우리는 그래서 방파제 아래로 아티스트만 움직이는 길을 만들었다. 매년 진흙탕이 문제가 돼, 몇 억을 들여서 잔디를 깔았다. 그런데 폭우가 와서 티도 안 났다. 현장에 가보니 미안하더라. 진흙탕 때문에 힘들게 걷는 관객에게도 미안하고, 우리 직원들한테도 미안했다. SNS에 온통 불평글이 쏟아지는 상황도 미안하고, 모든 사람에게 미안했다. 그런데도 우리가 빠지면 국내 페스티벌은 다 죽을 거라고 생각한다.

■ 페스티벌이 수익 사업이 되나.

그건 5년 후로 본다. 아시아 페스티벌이 되면 수익이 날 것으로 본다. 지금은 완전 마이너스다. 한 부서에서 1년 동안 버는 걸 다 때려 넣는 수준이다. 그나마 CJ에 광고 팔아서 메꿔주는 부분이 있다. 지금은 어마어마하게 마이너스다.

■ 음악 사업은 시스템으로 움직이나, 크리에이터로 움직이나.

예전에는 크리에이터 한 명이 좋은 곡을 내고, 좋은 아티스트를 발굴해 성공했다. 그런데 이제 그런 시대는 지나갔다. 교육과 같은 거다. 예전에는 시골에서 구두 닦으면서 인생 역전한 친구들이 많았지만 이젠 힘들어졌다. 우리의 서포트가 없다면 제2의 SM, YG는 영원히 나오지 않을 거라고 본다.

■ SM이나 YG 같은 대형기획사가 또 나올 수 있다고 보는가.

FNC 한성호 대표가 FT아일랜드 다음 밴드를 만드는 데 도와달라고 찾아온 게 불과 몇 년 전이다. 그러다 우리가 같이 투자하고, 일을 진행하다 보니 지금의 대형기획사 FNC엔터테인먼트가 됐다. 힙합과 록에서도 SM, YG 같은 대표 기업들이 충분히 나올 수 있다고 생각한다.

■ 제작자로서 가수들 관리는 어떻게 하나.

난 가수들에게 음악과 관련해서는 절대 지시하지 않는다. 로이 킴의 경우에는 싱어송라이터로 인정받고 싶어 했다. 우리 제작팀은 외부 작곡가를 쓰려고 했지만 로이 킴의 생각대로 했고, 결과가 좋았다. 정준영은 마룬5 같은 음악을 했으면 했다. 하지만 본인이 죽을 때까지 록을 하겠다고 하니, 그냥 자기 음악을 시켰다. 5년 후에는 우리나라 로커를 얘기할 때 준영이의 이름이 나올 것으로 본다. 다비치는 처음 물어봤을 때 고급스러운 음악을 하고 싶다고 했다. 난 가수들이 원하는 포인트 하나만 잡고 간다. 다른 터치는 없다.

■ 우리 가요 시장에 음악방송 순위제가 필요하다고 보나.

필요 없다고 생각한다. '음악방송 순위, 음원 사이트 실시간 차트, 추천제' 이런 것들이 가요 시장의 독이다. 실제로 아무 도움이 안 되면서 괜한 갑을 관계만 만든다. 실제로 비즈니스나 수익에도 도움이 안 되는데 신경을 안 쓸 수 없는 구조다. 그래서 엠넷닷컴도 포지셔닝을 다르게 하려고 한다. 그동안 음악을 파는 것이 목적이었다면, 이제는 진짜 음악을 좋아하는 사람들이 찾아와서 정보도 얻고, 음악도 공유하면서 부가적으로 음악을 들을 수 있는 공간이 됐으면 한다. 실시간 차트, 추천제는 꼭 없애고 싶다. 자신의 음악이 소비자에게 정당하게 평가받을 수 있게 기반을 마련해주는 것, 그게 내 목표다.

Interview

"소속 아티스트들이 평생 먹고 사는 것이 궁극적인 목표"

사람과 무리하지 않는 것이 경영 핵심인 울림엔터테인먼트 **이중엽 대표**

∴ 분명 다르리라고는 생각했다. 자본 없이 성립 자체가 불가능한 엔터테인먼트 업계 최전선에서 아직까지도 '중소기획사의 신화'라 불리는, 에픽하이와 넬, 인피니트와 러블리즈라는 서로 꽤나 달라 보이는 아티스트들을 능숙하게 다뤄온 기획사. 만남의 시작은 이런저런 의문투성이였지만, 끝은 선명했다. 회사 운영의 가치를 좋은 음악과 사람과 사람 사이의 연결고리라 설명하고, 궁극적인 목표를 '소속 아티스트들이 평생 먹고 사는 것'이라 말하는 대표. 울림엔터테인먼트와 이중엽 대표의 경영 핵심은 조금 싱겁게도, 한편 당연하게도 '사람'과 '무리하지 않을 것'이었다.

▧ 처음부터 조금 조심스러운 질문일지도 모르지만, 최근 엔터테인먼트 업계
에 합병이 유행처럼 번지고 있다. 울림의 경우도 피해갈 수 없는 길이었는
데, 거의 최초가 아니었나 싶다.

난 첫 번째가 아니면 안 한다. 만약에 그 전에 다른 합병 건이 있었
다면 아마 하지 않았을지도 모른다.

▧ 업체를 직접 경영하는 경영인으로서 최근 불고 있는 엔터테인먼트 업계의
합병 붐에 대해 어떻게 생각하나.

내가 직접 합병한 것 외에는 그 어떤 것도 얘기할 수 없다고 본다.
그 사람들이 어떤 내용으로 계약을 하고 합의를 했는지 모르는 일
이니까. 합병이란 부부 사이 같은 거다. 남이 절대로 관여할 수 없고,
관여하면 안 되는 부분이랄까. 누구든 겉 모습만 보고 얘기할 수는
없는 거다. 다만 하나 분명한 건 이제 자본이 없으면 아무것도 할 수
없는 시대가 왔다는 거다. 예전처럼 '뭐 하나 히트해서 그걸로 먹고
산다?' 이런 것 자체가 불가능한 시장이 됐다.

▧ 지난해 말 러블리즈가 데뷔한 뒤 보이그룹과 걸그룹을 하나씩 보유한 완전
체 엔터테인먼트 회사의 형태를 갖췄다. 사옥이 세워졌던 시기도 거의 비슷
한데, 혹시 모두 계획하에 이뤄진 일이었나.

아니다. 그냥 순리에 따르다 보니 그런 결과가 나왔을 뿐이다. 사

옥을 세우고 싶다는 생각은 사실 꽤 오래 전부터 해왔다. 울림이 작은 회사에서 시작해 아이돌그룹을 키우다 보니 흔히 말하는 시스템에 대한 욕구가 굉장히 강해졌다. 개인적으로 시스템이라는 건 어떤 회사의 특별한 노하우나 테크닉이라기보다는 사람과 사람 사이의 연결고리라고 생각한다. 사옥이 없다 보니 이쪽에 사무실 있고 저쪽에도 사무실이 있고 연습실은 저 멀리 있고, 영 정리가 안 되더라. 그때 이 모든 게 한 건물 안에서 이루어진다면 최고의 시스템과 최고의 시너지가 발생한다는 깨달음을 얻게 됐다. 한쪽에서는 음악 하는 친구들이 작업을 하고, 그 아래 지하에서는 아티스트들이 연습을 하고. 이 모든 게 일단 건물 하나 안에서 이루어지니까 훨씬 일이 스피디하고 순조롭게 이루어졌다. 그래서 우리가 엔터테인먼트 사업을 계속할 거면 무조건 사옥은 있어야겠다는 생각으로 지었다. 사옥 자체가 시스템인 셈이다.

■ 조금 전 사람과 사람 사이의 연결고리라는 얘기가 나왔는데, 인피니트를 기준으로 보자면 데뷔 5년 차인데도 뮤직비디오에 황수아, 무대 감독에 김대식, 안무에 ADDM 등 데뷔 시절부터 연을 맺은 이들과 지속적으로 작업하고 있는 것이 이채롭게 느껴지기도 한다. 하루가 다르게 급변하는 엔터테인먼트 업계에서는 쉽지 않은 선택이 아니었을까 싶은데, 의도한 바가 있나.

딱히 의도한 건 없다. 그러고 보니 의상팀이나 헤어 메이크업 숍도 그대로인데……. 우선 ADDM 같은 경우는 이제 정식 직원이라(웃음). 김대식 감독 같은 경우에는 넬과 에픽하이 공연을 할 때 처음 만났다. 그때만 해도 연출가들이 대부분 나이가 많았고 연출가라고 할 만한 사람도 변변히 없는 상황이었는데 젊은 친구가 열심히 하니까 눈에 확 띄더라. 그래서 봐뒀다가 인피니트 첫 번째 쇼케이스할 때 도와달라고 불러서 그 인연이 지금까지 이어지게 됐다. 같은 스태프와 계속해서 같이 일하는 이유를 굳이 꼽자면 아무래도 가수가 커온 것을 처음부터 다 봐온 사람들이니까, 멤버들이 좋아하고 싫어하는 것들을 정확하게 파악하고 있는 사람들이기 때문이 아닐까. 그러면 일단 애들이 편할 테니까.

■ 중간관리자 같은 느낌이다. 그렇다면 그 중간관리자들 가운데 대표님의 발언권이나 권력의 세기는 어느 정도인가. 회사에 따라 가풍이 조금씩 다르다고들 하는데.

나의 권력? 물론 절대적이다. 예전보다는 줄었지만, 그래도 많이 하는 편이다. 엔터테인먼트 회사는 대부분 대표가 절대권력을 가지고 있다고 본다.

■ 울림을 대표하는 보이그룹 인피니트는 유난히 유닛 활동이 활발하다. 유닛 활동의 목표는 아무래도 그룹 전체보다는 개인에 조금 더 초점이 맞춰지지 않나 싶은데, 멤버 한 사람 한 사람에 대한 청사진도 팀의 미래와 함께 구상

하고 있나.

어떻게 얘기를 해야 할지 모르겠는데, 유닛 활동이라는 것 자체가 개개인이 먹고 살 수 있는, 이 판에서 좀 더 길게 지속해나갈 수 있는 여지를 만들어주기 위해 하는 거라고 생각한다. 결과가 아닌 과정의 한가운데에서 언제나 최선을 다할 뿐이다.

■ 이런 일종의 정체기 가운데 눈에 띄는 변화가 하나 느껴지는데, 이전에 비해 각국 거물들과의 작업이 늘어났다는 점이다. 인피니트의 경우 작년부터 호테이 토모야스(布袋寅泰), 마츠오 키요시(松尾潔), 비주얼 록 밴드 루나시 LUNA SEA 같은 일본의 대형 아티스트들과 손을 잡고 싱글을 발표하고 있고 러블리즈 역시 데뷔 곡부터 윤상과 호흡을 맞춰오고 있는데.

이제 돈이 좀 있으니까……(웃음). 농담이고, 사실 내가 시작할 때는 아이돌이 너무 포화 상태였다. 작곡자들도 다 정해져 있었다. 신사동 호랭이나 용감한 형제, E-TRIBE 등이 웬만한 히트 그룹들을 꽉 잡고 있었다. 그런데 원래 내가 남들 좋아하는 걸 별로 안 좋아한다. 예를 들어서 '〈명량〉이 대박을 친다?', 그럼 난 그거 안 본다. '〈쉬리〉가 대박이 났다?', 안 본다. 태생적으로 성향이 좀 인디스럽다고 할까, 상대적으로 사람들이 모르는 걸 알고 보는 게 좋다.

맞다. 오타쿠다. 그렇다고 오타쿠들이 전부 좋아하는 건 또 싫어한다. '나만의 무언가'가 제일 중요하다. 그래서 작곡가도 다른 팀들과 노상 작업하는 사람과는 하기 싫었다. 스윗튠도 인지도와 상관없이 이런저런 얘기를 하다 보니 맞는 부분이 많아서 이제 이 팀에게 맡기면 되겠다 싶어 작업을 시작한 경우다.

▨ 이제 러블리즈 얘기를 해보자. 데뷔까지 굉장히 오랜 시간이 필요했던 팀이다.

인피니트와 같이 준비했었다.

▨ 하긴 멤버 유지애가 인피니트의 첫 예능 프로그램이었던 Mnet〈인피니트! 당신은 나의 오빠〉에 출연하기도 했다. 이렇게까지 오래 걸린 특별한 이유가 있나.

사실 자신이 좀 없었고, 솔직히 그동안 인피니트를 케어하기도 빠듯했다.

■ 회사를 같이 성장시키면서 새로운 그룹까지 데뷔시키는 게 부담스러웠던 건가.

그렇다. 그리고 시기가 아니라는 생각도 있었다. 이 일을 한참 하다 보면 딱 '아, 이때다'라는 촉이 온다. 그런데 당시 상황을 알겠지만, 그 수많은 걸그룹 전쟁터에서 살아남을 자신이 없었다.

■ 대세랄까, 커다란 흐름에는 큰 관심 없나.

신경은 쓰인다. 그런데 아까도 얘기했듯이, 남을 자꾸 신경을 써서 뭐하나. 그런 것 때문에 내가 진행하려고 했던 걸 조정하거나 움츠러들거나 하면 안 될 것 같아서 일부러 요즘 나오는 음악을 잘 안 듣는 편이기도 하다. 들으면 흔들리니까.

■ 그 수많은 소녀 콘셉트 걸그룹 가운데 러블리즈가 차지하고 있는 위치가 나름 독특하다고 생각한다. 대부분의 청순계 걸그룹이 어찌 되었든 소년의 시선, 즉 이성의 시선에서 본 소녀관이 반영되어 있다면, 러블리즈의 경우는 정말 순수하게 소녀가 꿈꾸는 소녀들의 세상 같다고 할까.

처음 러블리즈를 만들 때 우리 A&R 이사와도 그런 얘기를 했다. 팬덤이 있는 팀을 만들자, 그러려면 여성 팬을 공략해야 한다. 여자들이 찾으면 남자들은 자연적으로 따라오게 돼 있다.

■ 요즘 아이돌 신 분위기에서 보자면 너무 마니악적인 접근이 아닌가.

아이돌은 기본적으로 마니아적이다. CD도 사는 사람들이 100장 사고, 공연도 오는 사람들이 몇 번씩 반복해서 온다. 이 사업은 어차피 마니아가 시작이다.

■ 하지만 팬덤으로 유입되는 새로운 대중도 중요하지 않나. 그런 쪽으로 어필할 만한 특별한 플랜이 따로 있나.

일단 네이버 TV캐스트 〈러블리즈 다이어리〉라는 웹 버라이어티를 만들면서 TV 매체가 아닌 다른 방식으로의 접근을 시도해본 상태이다. 앞으로도 굳이 지상파가 아니더라도 할 수 있는 부분이 많다고 생각하기 때문에 아이디어는 계속 구상하고 있다. 물론 그런 것들의 파급력이 어느 정도일지는 알 수 없지만. 조금 전에도 얘기했지만 우리 사업에서 가장 중요한 건 대중이 아닌 마니아다. 그 사람들이 CD를 20장, 50장씩 사는 거다. 그리고 그 흐름이 눈에 띄게 커졌을 때 대중은 자연스럽게 따라오는 존재라고 본다. 대표적으로 서태지 같은 경우가 있다. 처음에는 엄청나게 마니악한 음악이었지만 팬층이 늘어난 뒤 결국 대중들이 따라왔다.

■ 최근 국내 엔터테인먼트 업계에 종사하는 이들 가운데 중화권 시장을 블루오션으로 보고 부푼 꿈을 안은 이들이 많다.

개인적으로는 중국 시장을 크게 보지는 않는다. 그들은 이미 자체적으로 자국 아이돌을 만들기 시작했다. 지금까지 중국에서 한국 아이돌이 인기 있었던 건 단지 그들 시장 안에 우리나라 아이돌 같은 가수가 없었기 때문이었다. 이미 한국 시스템 그대로 받아서 연습생을 키우기 시작한 곳이 한두 군데가 아닌 상황에서 무슨 큰 기대가 있겠나.

■ 그럼 이제 회사 차원의 비전을 이야기해보자. 대형기획사로 예를 들자면 보통 SM을 '시스템', YG를 '패밀리', JYP는 '프로듀서님'이라는 한 단어로 농담 삼아 정의하곤 하는데, 울림을 한 단어로 정의한다면 뭐라고 할 수 있을까.

'음악'이라고 해야 하지 않을까.

■ 아이돌그룹이 주축이 된 엔터테인먼트 업체 대표 입에서 나오기 쉽지 않은 대답인 것 같다. 그렇게 부딪히기에는 워낙 위험부담도 크고 힘든 바닥 아닌가.

앞으로 훨씬 더 힘들어질 거다. 맨손으로 제작자 되기 힘들다. 옛날 같지 않다.

■ **울림의 대표로서, 이 회사로 이루고 싶은 궁극적인 목표는 무엇인가.**

소속 아티스트들이 평생 먹고 사는 거다. 우리 직원들도. 어차피 그들이 돈 벌면 내가 버는 거니까. 어차피 할 거 다 해보지 않았나. 시작할 때 눈앞에 보이던 목표들은 일단 다 가지고 온 것 같다.

■ **여기서 새로운 도전이라면 미국 진출 정도일까.**

꼭 해보고 싶은 도전이긴 하지만, 그 또한 무리하지는 않을 거다. 지금껏 그래 왔듯이.

K-POP으로 보는
대중문화 트렌드 2016

© 박영웅, 임희윤, 엄동진, 김윤하 2015

초판 1쇄 인쇄 | 2015년 12월 18일
초판 1쇄 발행 | 2015년 12월 30일

지은이 | 박영웅, 임희윤, 엄동진, 김윤하
발행인 | 정은영
책임편집 | 정은아
마케팅 | 박성수
디자인 | twoesdesign

펴낸곳 | 마리북스
출판등록 | 제2010-000032호
주소 | (121-904) 서울시 마포구 월드컵북로 400 문화콘텐츠센터 5층 21호

전화 | 02)324-0529, 0530
팩스 | 02)3153-1308
인쇄 | 공간

ISBN 978-89-94011-60-8 (03320)